Celebrar y vivir el sacramento del Matrimonio

D0204923

JUNTOS PARA TODA LA VIDA

QUINTA EDICIÓN

UNA PREPARACIÓN PARA CELEBRAR EL MATRIMONIO

POR JOSEPH M. CHAMPLIN

Y PETER A. JARRET, C.S.C.

Con la colaboración de:
Ann M. Garrido, Michael Heintz, Diana Macalintal,
H. Richard McCord, Goeffrey D. Miller, Tim Muldoon,
Julie Hanlon Rubio, Willian F. Urbine.

LIBROS LIGUORI
One Liguori Drive ▼ Liguori, MO 63057-9999

Imprimi Potest:
Harry Grile, CSsR
Provincial de la Provincia de Denver
Los Redentoristas

Publicado por Libros Liguori
Liguori, MO 63057-9999

Para hacer pedidos llame al 800-325-9521
www.librosliguori.org

Library of Congress Cataloging-in-Publication Data
Champlin, Joseph M.
    [Together for life. Spanish] Juntos para toda la vida edición corregida y aumentada : una preparación para la celebración del matrimonio / POR JOSEPH M. CHAMPLIN Y PETER A. JARRET, C.S.C. Con la colaboración de Ann M. Garrido, Mic. -- Edición corregida y aumentada.
        p. cm.
    1. Marriage service. 2. Catholic Church--Liturgy--Texts. I. Jarret, Peter A. II. Title.
    BX2250.C4918 2012
    264'.02085--dc23
                                                    2012022448

pISBN: 978-0-7648-2207-0; eISBN: 978-0-7648-6607-4

Las citas bíblicas son de *La Biblia Latinoamericana: Edición Pastoral* (Madrid: San Pablo, 2005). Usada con permiso.

Las citas biblicas y del ritual del matrimonio se tomaron de Ritual del Matrimonio pubicado por la Conferencia de Obispos Católicos de los Estados Unidos 2010. Usado con permiso.

El artículo sobre la importancia y dignidad del Sacramento del Matromonio se tomó de la introduccion general del Ritual del Matrimonio publicado por la Conferencia de Obispos Católicos de los Estados Unidos 2010. Usado con permiso.

Libros Liguori, una corporación sin fines de lucro, es un apostolado de los Padres y Hermanos Redentoristas. Para más información, visite Redemptorists.com.

Impreso en los Estados Unidos de América

17 16 15   / 6 5 4

Quinta edición

Contenido

Colaboradores

Ann M. Garrido, DMin, es profesora asociada de homilética y directora de la maestría en Arte de estudios pastorales en la catequesis del programa del Buen Pastor en el Instituto de Teología de Aquinas en St. Louis Missouri.

Msgr. Michael Heintz PhD. Es un sacerdote de la diócesis de Fort Wayne-South Bend, rector de la Catedral de San Mateo en South Bend, Indiana, y director del programa de maestrías en Divinidad en la Universidad de Notre Dame.

Diana Macalintal, MA, es la directora de adoración en la diócesis de San José y se graduó con mención honorífica de la maestría en Artes Teológicas en la Universidad de San Juan, Collegeville, Minnesota.

H. Richard McCord, EdD, ex director ejecutivo de la Secretaría de laicos, matrimonios, vida familiar y juventud de la conferencia de los Obispos C=atólicos en los Estados Unidos.

Geoffrey D. Miler, PhD, es profesor asistente de estudios bíblicos en la universidad de San Louis, y también experto en el libro de Tobías.

Tim Muldoon, PhD, es asistente del vicepresidente de la Universidad de Misión y Ministerio en la Universidad de Boston, donde también enseña en la Facultad de Artes y el Programa de Honor en las Ciencias. Fue el primer director de "La Iglesia en el Centro del Siglo XXI" en la Universidad de Boston del 2005 al 2007.

Julie Hanlon Rubio, PhD, es profesor asociado de Ética Cristiana en la Universidad de San Louis, donde desde 1999 ha impartido cursos sobre el matrimonio, ética sexual, religión y política, y justicia social.

Diácono William F. Urbine, Dmin, es subdirector de la Oficina de Diaconado permanente y fue director de la Oficina de ministerios de la vida familiar en la diócesis de Allentown, Pennsylvania.

Msgr. Joseph M. Champlin fue sacerdote residente en Nuestra Señora del Buen Pastor donde sirvió como ministro sacramental en Warners, Nueva York. Fue director de la Catedral de la Inmaculada Concepción en su diócesis de Syracuse. Destacado escritor de libros sobre pastoral y espiritualidad; también fue invitado regular del programa "Aprovecha el día con Gus Lloyd", de Sirius Radio en el canal 159. Viajó más de dos millones de kilómetros dando conferencias en los Estados Unidos y el extranjero. Entre sus más de cincuenta libros se encuentran *Slow Down* and *Take Five* (Sorin Books); *Should We Marry?, From the Heart, Together for Life, and Through Death to Life* (Ave Maria Press). José Champlin murió en enero de 2008

Peter A. Jarret, C.S.C., es rector y superior del seminario Moreau en la Universidad de Notre Dame. Nació en Providencia, Rhode Island, y se graduó de la Universidad de Notre Dame en 1986, entrando a la congregación de la Santa Cruz en 1987. Se ordenó sacerdote de la Santa Cruz en abril de 1992, y se desempeñó como párroco durante algunos años en la parroquia de Cristo Rey en South Bend, Indiana. Posteriormente sirvió por 6 años como pastor en la parroquia de san Pio X en Granger, Indiana. Durante los 5 años siguientes fue rector de la residencia universitaria y consejero del presidente, Rev. Edward Malloy, C.S.C.; posteriormente fue nombrado superior religioso con la responsabilidad ministerial de cerca de ochenta religiosas de la Santa Cruz en Notre Dame desde 2006 hasta 2010. Jarret es un colaborador de: The Cross, Our Only Hope; The Gift of the Cross; The Gift of Hope; and The Notre Dame Book of Prayer

Prefacio

Desde 1970, más de 9 millones de parejas han usado "Juntos para toda la vida" para planear su boda dentro de la Iglesia Católica. Ese número abarca casi el 80% de los matrimonios católicos que se han celebrado en los Estados Unidos durante las últimas cuatro décadas. El autor de este folleto, el P. Joseph Champlin, un sacerdote diocesano de Siracusa, quería fortalecer y apoyar a los matrimonios católicos, y creía que involucrar a las parejas en la planeación de la celebración litúrgica de su boda, era un buen comienzo. En la actualidad es común que las parejas que están comprometidas se involucren en la planeación de su boda, pero en 1970 esto era una idea revolucionaria.

Además de usar "Juntos para toda la vida" para apoyarse en su selección de las lecturas, oraciones y bendiciones, muchas parejas lo han usado en sus encuentros con sacerdotes, diáconos y ministros de la parroquia para prepararse a vivir el sacramento del Matrimonio.

Ahora se unirán a los millones de parejas que han usado "Juntos para toda la vida" para preparar sus bodas católicas. Aunque para dar un mejor servicio a las parejas católicas hoy en día se han agregado nuevos elementos a este folleto, su esencia es la misma de siempre. Los cambios que presenta

La Iglesia reconoce que cada uno de ustedes es un individuo único y que juntos forman una pareja única. En consecuencia, desea que planeen y participen activamente en una ceremonia nupcial que, a pesar de que seguirá las formas establecidas para todas las bodas católicas, será una ceremonia distinta y única.

Joseph M. Champlin

Juntos para toda la vida, 1997

esta edición se derivan de una conversación con el mismo P. Champlin antes de su muerte en 2008 e incorporan muchas opiniones nuevas. Ahora se incluyen aportaciones de sacerdotes, diáconos, laicos, teólogos y líderes pastorales de todo el país quienes están profundamente comprometidos con la vida sacramental de la Iglesia y muchos de ellos con sus propios matrimonios católicos.

Con un poco de trabajo por parte de los dos, su ceremonia matrimonial será un evento maravilloso para ustedes como pareja, para sus familiares, amigos y para la misma Iglesia, que tiene la gran esperanza y el profundo deseo de que su Matrimonio crezca y florezca como una señal del amor de Dios en el mundo. Gracias por compartir el día de su boda con la Iglesia y por dar testimonio de su fe a medida que inician esta hermosa etapa de sus vidas.

Peter A. Jarret C.S.C.

Cómo usar este folleto

Planear el día de su boda puede parecer una gran tarea, considerando que implica a un gran número de personas y un sinfín de detalles. Muchas veces, en medio de los planes relacionados con la recepción, las flores, los vestidos, los smokings, las fotografías, los preparativos del viaje y mucho más, la liturgia del Matrimonio puede parecer como "un detalle más". Pero la verdad es que la ceremonia del Matrimonio es la parte central de su gran día. Es una celebración sagrada que expresa su fe en Dios y el gran amor que sienten el uno por el otro. De hecho, es lo que los convierte en una pareja casada legalmente, públicamente y a los ojos de la Iglesia.

Cuando intercambian sus promesas, proclaman ante todos un amor que no tiene fin y su propósito de permanecer juntos todos los días de su vida. Al hacerlo, el amor que habían recibido como un regalo de Dios, se convierte en un regalo para toda la Iglesia y para el mundo. Cuando la Iglesia dice que el Matrimonio es un sacramento, quiere decir que su amor y su fidelidad para con el otro, se convierten en un testimonio y en una muestra del amor que Dios siente por cada uno de los hombres. Su Matrimonio es más que un símbolo sacramental para ustedes, su familia, sus amigos o la Iglesia: es un símbolo sacramental para el mundo entero.

Con la ayuda de "Juntos para toda la vida" experimentarán la preparación de su boda como una tarea de amor, un amor que los introduce más profundamente en el misterio del amor de Dios. En ese sentido, su fe en Dios y en su pareja, será expresada en las oraciones, lecturas y bendiciones que elijan. La liturgia de su boda será un hermoso comienzo para su vida de casados.

En las siguientes páginas, encontrarán una lista de preguntas frecuentes junto con sus respuestas; una guía sobre las tres formas del rito del Matrimonio, y algunas instrucciones que les ayudarán paso a paso a elegir las oraciones, las lecturas del Evangelio y las bendiciones.

Comiencen leyendo las preguntas frecuentes y sus respuestas que se encuentran en las páginas 3-9. Puede ser que no todas las preguntas resulten de su interés, pero verán que la mayoría les interesará. Ese capítulo de "Juntos para toda la vida" les ayudará a responder preguntas concernientes a cuál de las tres formas del rito del Matrimonio deben elegir y si su padrino o madrina de honor deben ser católicos.

"Juntos para toda la vida" explica cada parte de la ceremonia del Matrimonio, desde su entrada en la iglesia como novia y novio, hasta su salida como marido y mujer. En varias secciones, se les presentan diversas opciones para que puedan elegir. Encontrarán un símbolo ⬭ al inicio de cada sección para que puedan identificar fácilmente dónde tienen que hacer una elección.

Cada vez que tomen una decisión y hayan elegido una lectura, anótenla en la hoja de opciones que se encuentra al final de este folleto o bien en la página www.liguori.org/libros. Registren cada elección usando, tanto la clave alfanumérica que se encuentra en el encabezado de cada oración, lectura o bendición como el número de página en que se encuentra el material que han seleccionado. Una vez que hayan seleccionado sus lecturas, háganle llegar ese formulario al sacerdote o al diácono que presidirá su boda.

Existen tres formas para celebrar el rito del Matrimonio: el rito para celebrar el Matrimonio sin Misa, el rito para celebrar el Matrimonio durante la Misa y el rito para celebrar el Matrimonio entre un católico y un no bautizado. El sacerdote o diácono que les ayude a preparar su boda, los orientará sobre el rito que sea más apropiado para su boda. Si eligen el rito para celebrar el Matrimonio sin Misa o el rito para celebrar el Matrimonio entre un católico y un no bautizado, no usarán las páginas 95-98 de este folleto, ya que se refieren a bodas que se celebran durante la Misa.

Si usan el rito para celebrar un Matrimonio entre un católico y un no bautizado, al llegar a la página 92 se les indicará que pasen a la página 107, para que hagan sus selecciones sobre la parte final de la ceremonia de su boda. Busquen esta nota:

 En caso de usar el rito para celebrar un Matrimonio entre un católico y un no bautizado, por favor, pasen a la página 109, para la parte final de la ceremonia.

En caso de usar el rito para celebrar el Matrimonio sin Misa, al llegar a la página 92 se les pedirá que pasen a la página 97 y posteriormente, al llegar a la página 101, se les pedirá que pasen a la página 103. Estas notas les servirán como guías.

 En caso de usar el rito para celebrar el Matrimonio sin Misa, por favor, pasen a la página 98 para la bendición nupcial.

 En caso de usar el rito para celebrar el Matrimonio sin Misa, por favor, pasen a la página 106 para el Rito de Conclusión.

Los apéndices que aparecen al final de este folleto ofrecen información sobre la celebración de un Matrimonio entre un católico y un no bautizado; cómo bendecir o convalidar un Matrimonio por la Iglesia; cómo incorporar tradiciones culturales y étnicas a su boda; y cómo mantener fuerte su amor. Todos estos temas y muchos más se encuentran también en www.liguori.org/libros. En estos momentos en que comienzan a construir un Matrimonio sólido, los invitamos a que visiten nuestro sitio web y a que formen parte del grupo de parejas de recién casados por la Iglesia Católica.

Preguntas frecuentes sobre la celebración de bodas católicas

Mi novio y yo hemos escuchado diferentes formas de llamar a la ceremonia, ¿cuál es la forma correcta: ceremonia, liturgia o celebración litúrgica?

Todos los términos son correctos. La palabra "ceremonia" tiene un significado universal y puede usarse tanto para una boda civil como para una religiosa. Una liturgia o una celebración litúrgica se refiere a un evento religioso exclusivamente. La palabra "liturgia" proviene del griego y quiere decir "el trabajo de las personas". La usamos dentro la Iglesia Católica para definir y regular nuestro culto. Por lo general simplemente queremos decir que las normas de la Iglesia determinan lo que se puede y no se puede hacer en estos momentos de culto.

También podrán ver que la palabra "rito" es usada frecuentemente. Este término se usa para definir un conjunto establecido de acciones y palabras que se utilizan en las celebraciones litúrgicas en la Iglesia. Todos nuestros sacramentos, por ejemplo, se celebran siguiendo ritos específicos que han sido escritos y aprobados formalmente por la Iglesia.

Vivimos en ciudades diferentes, ¿está bien si solo uno de los dos hace todos los preparativos?

A pesar de que parece lógico dividir las responsabilidades de los detalles y preparativos para el día de la boda, es importante que planeen la ceremonia en pareja. Deben escoger juntos las lecturas, oraciones, votos, bendiciones y la música. Cada uno de ustedes puede tener un folleto de "Juntos para toda la vida" y planear la liturgia en conjunto aunque no vivan en la misma ciudad.

¿Podemos celebrar nuestra boda en un jardín, en la casa de mis papás o en un restaurante?

A los católicos se les pide que celebren su boda en una iglesia católica, ante un sacerdote y dos testigos. Si alguno de los dos, ya sea la novia o el novio no es católico y desea casarse en su iglesia, o en cualquier otro lugar, es posible conseguir un permiso en la parroquia. Es importante trabajar en coordinación con la parroquia para que el que sí es católico, cumpla con todos los requisitos para celebrar su boda.

Solo uno de nosotros es católico. ¿podemos celebrar nuestro Matrimonio dentro de una Misa?

Sí, pero vale la pena que consideren cuidadosamente esta opción. La Iglesia dice que, cuando la novia o el novio no son católicos, debe usarse el rito para celebrar el Matrimonio sin Misa. La ceremonia del Matrimonio debe ser algo que los incluya a ambos y si hacerlo dentro de una Misa va a significar que uno de los dos no podrá recibir la Comunión o que habrá muchos invitados no católicos en la ceremonia, lo mejor es utilizar el rito sin Misa. En caso de que su parroquia lo permita, sí es posible usar el rito para celebrar el Matrimonio durante una Misa.

Para mayor información sobre el Matrimonio entre un católico y un no católico, por favor, consulten el apéndice A (páginas 112-113).

En caso de no celebrarse dentro de una Misa, ¿el Matrimonio sigue siendo un sacramento?

Sí, si ambos contrayentes son católicos bautizados. El sacramento no proviene de celebrar el Matrimonio dentro de una Misa, sino del intercambio de las promesas (votos) entre un hombre y una mujer bautizados. El rito para celebrar el Matrimonio sin Misa es una celebración del sacramento tan válido como el rito para celebrar el Matrimonio durante la Misa.

Sé que tendremos un Matrimonio válido ante la Iglesia Católica, aunque mi prometido no haya sido bautizado, ¿cuál será la diferencia en nuestra ceremonia matrimonial?

El rito para celebrar el Matrimonio entre un católico y un no bautizado es similar a las otras dos formas del rito del Matrimonio, pero no incluirá el lenguaje propio del sacramento, ya que los sacramentos solo los puede recibir alguien que ha sido bautizado. Habrá oraciones, lecturas, una bendición y lo más importante: el intercambio de promesas o votos. A medida que avancen en la lectura de este folleto encontrarán notas que les indicarán qué páginas consultar en caso de usar este tipo de Rito del Matrimonio.

Para más información sobre el Matrimonio entre un católico y un no católico, por favor, consulten el apéndice A (páginas 112-113).

En caso de celebrar nuestro Matrimonio durante una Misa, ¿nuestros familiares e invitados que no son católicos pueden recibir la Comunión?

La Iglesia Católica considera que recibir la Comunión es el símbolo más importante de la unidad entre los cristianos. Desafortunadamente, aún existen divisiones dentro de la Iglesia y como consecuencia de esas divisiones, la intercomunión no es permitida. Si uno de los dos no es católico y habrá muchos invitados no católicos en la boda, la sugerencia es que no celebren el Matrimonio dentro de la Misa para que esto no se convierta en un conflicto o motivo de desunión.

Para mayor información sobre este tema, por favor consulten la "Nota pastoral sobre la intercomunión" que se encuentra en el apéndice A (páginas 112-113)

¿El ministro de la iglesia de mi prometido puede desempeñar un rol en nuestra ceremonia?

Sí, pero con algunas limitantes. Pregúntenle al sacerdote o al diácono que presidirá su ceremonia. A grandes rasgos, por razones tanto eclesiásticas como legales, tienen que elegir a una persona quien será el testigo oficial de su Matrimonio o que recibirá sus promesas (votos). En otras palabras, tu sacerdote y el ministro de tu prometido, no pueden celebrar juntos un Matrimonio usando el rito católico, tampoco puede celebrar cada quien su propio rito dentro de la ceremonia. Un ministro de otra iglesia puede proclamar una lectura, hacer una exhortación o rezar una bendición siempre y cuando el sacerdote de la iglesia se lo permita.

¿Es necesario que nuestro padrinos y madrinas de honor sean católicos?

No. De acuerdo con el Derecho Canónico, necesitan dos testigos además de quien preside la ceremonia. No tienen que ser necesariamente un hombre y una mujer ni tampoco tienen que ser bautizados. Lo que si es necesario es que entiendan lo que sucede y, por lo tanto, es necesario que sean adultos y que tengan pleno dominio de sus facultades. Por ejemplo, si uno o ambos testigos están intoxicados o tienen cualquier otro tipo de impedimento, no podrán desempeñar este papel.

¿Cuántas personas deben participar en la liturgia de nuestro Matrimonio?

El rito del Matrimonio requiere que estén presentes la novia y el novio, el sacerdote o diácono, y dos testigos (normalmente el padrino y la madrina de honor). Además de estos participantes que son esenciales, pueden tener uno o más lectores y personas que canten o que dirijan los cantos. También pueden invitar a algunas amigas de la novia para que sean damas, aunque solo los dos testigos oficiales son necesarios. No necesitan una niña que arroje flores, ni a alguien que lleve los anillos, pero sí los pueden incluir siempre y cuando sean lo suficientemente grandes para desempeñar el rol que se les está dando.

Algunas veces se le pide a un ujier que ayude a sentar a los invitados cuando llegan a la iglesia y en caso de que vaya a haber Misa, tal vez necesiten a algunas personas que lleven las ofrendas y a otras que funjan como ministros de la Comunión.

¿Tenemos que cantar?

Se dice que el que reza cantando, reza dos veces. En realidad no tienen que cantar pero la música y las aclamaciones cantadas le agregan un gran valor a la liturgia. En la mayoría de las parroquias hay un encargado de la música o alguna persona que les puede ayudar para dar un mayor realce a su celebración. Una buena idea es preguntar en la parroquia antes de contratar un coro por su propia cuenta, ya que muchas parroquias tienen normas sobre el tipo de coros y música que permiten.

¿Podemos elegir cualquier canción que queramos para nuestra ceremonia?

La música que escojan para su ceremonia debe ser de naturaleza sagrada. Muchas canciones populares, aunque bonitas y conocidas, resultan inapropiadas para las ceremonias religiosas. La Iglesia tiene una tradición rica de himnos y música de entre los cuales podrán elegir las piezas que necesitan para su ceremonia.

¿Dónde podemos encontrar a un coro o músicos para nuestra ceremonia?

Primero revisen en la parroquia donde celebrarán su ceremonia. En caso de que el personal de la parroquia no incluya ministros de la música, seguramente podrán ayudarles a contactar con algunos músicos y coros.

Hemos visto gran variedad de procesiones de entrada en diferentes bodas. ¿Hay algún modo particular de hacer la procesión de entrada? ¿Qué se hace en la procesión de salida?

El Rito del Matrimonio pide que el sacerdote que preside la ceremonia, les dé la bienvenida, en la puerta de la iglesia, a la novia y al novio, de forma similar en la que se inicia un bautizo o algún rito en el que se da la bienvenida a aquellos que desean unirse a la Iglesia Católica. En este momento, algunas parejas deciden dar la bienvenida a sus invitados en la puerta de la iglesia, como un signo de hospitalidad. Si el sacerdote omite esta parte del rito, la procesión marca el inicio de la liturgia.

La norma coloca a la pareja en el último lugar de la procesión para enfatizar su rol principal en la celebración del sacramento. La novia y el novio reciben el sacramento del Matrimonio como iguales y así asumen la responsabilidad que compartirán en este compromiso cada día de su vida.

También hay otras formas comunes y permitidas para hacer la procesión de entrada, siempre y cuando cumplan los lineamientos de la parroquia. El encargado de su parroquia puede indicarles qué está permitido y les puede ayudar a determinar lo más apropiado para su ceremonia. Otras opciones incluyen a damas y a padrinos de honor que entran por parejas a la iglesia, seguidos por la novia y el novio juntos, seguidos de sus padres. Otras veces tanto la novia como el novio son acompañados por sus padres. Otra forma de entrada consiste en que el padre de la novia la acompañe y la entregue al novio en el altar.

¿Podemos usar lecturas que no forman parte de la Biblia?

El rito del Matrimonio pide el uso de ciertas lecturas de la Escritura, ya que es una de las principales formas en la que Dios nos habla sobre la naturaleza y el significado de este Sacramento. Los poemas y otro tipo de lecturas que no son parte de la Biblia, no pueden ser utilizados dentro de la ceremonia. Hay una gran variedad de opciones disponibles en la Escritura que pueden usar para su ceremonia. Se presentan en este folleto a partir de la página 14 y vienen acompañadas de comentarios. Se les pedirá que elijan una lectura del Antiguo Testamento (páginas 15-33), un salmo responsorial, que en muchas ocasiones es cantado (páginas 35-40), una segunda lectura de alguna de las cartas del Nuevo Testamento (páginas 41-65) y una lectura del Evangelio (páginas 69-85).

¿Las personas que no son católicas pueden proclamar las lecturas durante la liturgia?

Si deciden usar el Rito para celebrar el Matrimonio sin Misa, la respuesta es afirmativa. Sin embargo, si van a celebrar su Matrimonio dentro de una Misa, entonces debe ser un católico quien proclame las lecturas. En cualquiera de los casos, los lectores deben tener experiencia en el ministerio, deben haber recibido una capacitación en la iglesia y deben haber practicado la proclamación de las lecturas con el micrófono que será usado el día de la boda.

¿Quiénes pueden ser ministros de la Eucaristía?

La distribución de la Comunión es un momento sagrado dentro de la liturgia. Lo ideal es que los ministros de la comunión que elijan hayan sido entrenados para este ministerio dentro de su propia parroquia.

¿Debemos memorizar nuestras promesas? ¿Podemos escribir nuestras propias promesas?

A pesar de que la liturgia que celebrarán para su boda les pertenece, también le pertenece a toda la Iglesia. Si bien sus promesas son profundamente personales, no son solamente suyas. Son expresión pública de su amor y fidelidad. Ninguna pareja puede escribir sus propias promesas, pero pueden escoger de las opciones que se les presentan en las páginas 88 y 89. Algunos sacerdotes o diáconos les piden a las parejas que memoricen sus promesas.

¿Debemos escribir nuestra propia oración de los fieles?

No necesariamente, pero pueden escribir su propia oración de los fieles o bien usar una de las formas incluidas en este folleto, dependiendo de la normas litúrgicas de su parroquia y de su diócesis. El que mejor puede responder a esta pregunta es el sacerdote o el diácono que presidirá su ceremonia. Muchas parejas inician con una de las peticiones incluidas en este folleto y luego piden por los miembros de su familia y amigos que han fallecido. También pueden agregar intenciones particulares que sean apropiadas en sus circunstancias individuales o en alguna estación del año en particular. En caso de que deseen escribir su propia oración de los fieles, pueden encontrar una guía en www.liguori.org/libros.

¿Podemos encender una vela de la unidad?

La vela de la unidad no forma parte del rito del Matrimonio. El simbolismo de la vela de la unidad de "dos que se convierten en uno" va implícito en el intercambio de promesas, en la bendición y en el intercambio de los anillos. Muchas parroquias piden que en caso de querer usar una vela de la unidad, dicha vela sea usada en el ensayo de la cena o en la recepción. Como es el caso de todas las costumbres que no forman parte del rito oficial, lo mejor es consultarlo con el sacerdote o diácono que presidirá su ceremonia. Para más información pueden consultar la página 115.

¿Podemos encender una vela o hacer algo especial en memoria de alguno de nuestros padres que ha muerto?

Recordar a alguien que aman y que ya no puede acompañarlos es algo correcto y permitido. Aquellos que tienen un padre o un ser amado que ha muerto, pueden encender una vela en su memoria o bien colocar algunas flores en la Iglesia. También es común pedir por ellos en la oración de los fieles o en las peticiones generales.

Hablen con el sacerdote o diácono que presidirá su boda sobre las opciones para hacer un pequeño memorial durante la ceremonia.

¿Podemos llevar flores a la estatua de la Virgen María?

Aunque esta costumbre no es parte del rito del Matrimonio, muchas parejas devotas de María desean dedicar un momento antes de concluir con la celebración para darle gracias y para encomendarle la vida que inician juntos. María es un modelo ejemplar sobre cómo debemos vivir nuestra fe y confianza en Dios. Muchas parejas acostumbran llevar flores a la imagen de María para ofrecer oraciones y pedir su intercesión. Este rito normalmente ocurre antes de la bendición final. Pueden escoger algún himno mariano como el Ave María para que se cante en esos momentos. Revisen las costumbres de su parroquia para ver qué opciones existen.

¿Necesitamos un programa o un misal con las lecturas y oraciones para nuestra ceremonia?

Aunque no es necesario, tener un programa o un misal puede ser de gran ayuda para sus invitados, ya que podrán participar mejor al seguir las oraciones, lecturas y las respuestas que deben decir. Un programa resulta especialmente útil para aquellos invitados que no están familiarizados con la liturgia católica. Para obtener información sobre la reimpresión de las lecturas de la Escritura, consulten la página usccb.org/bible/permissions.

¿Tenemos que confesarnos antes de nuestra boda?

Una de las mejores formas para que los católicos se preparen espiritualmente para el día de su boda es acudir al sacramento de la Reconciliación (Confesión). Esto puede parecer como un gran paso, especialmente si no se han confesado en mucho tiempo, pero vale la pena hablar de ello con el sacerdote, diácono, consejero o cualquier otro contacto en su parroquia. Encontrar tiempo para examinar su conciencia y sus compromisos cristianos antes de aceptar su nuevo rol como personas casadas ante la Iglesia Católica, es una forma maravillosa de experimentar la sanación, el perdón y la gracia que Cristo les ofrece.

Tres formas del *Rito del Matrimonio*

Durante la Misa	**Fuera de la Misa**	**Entre un católico y un no bautizado**
Rito de entrada	*Rito de entrada*	
Bienvenida	Bienvenida	Bienvenida
Procesión	Procesión	Procesión
Oración colecta	Oración colecta	Oración colecta
Liturgia de la Palabra	*Liturgia de la Palabra*	*Liturgia de la Palabra*
Antiguo Testamento	Antiguo Testamento	Antiguo Testamento
Salmo responsorial	Salmo responsorial	Salmo responsorial
Nuevo Testamento	Nuevo Testamento	Nuevo Testamento
Evangelio	Evangelio	Evangelio
Homilía	Homilía	Homilía
		(Cuando parezca apropiado, puede usarse solo una lectura, en vez de tres).
Rito del Matrimonio	*Rito del Matrimonio*	*Rito del Matrimonio*
Diálogo o escrutinio	Diálogo o escrutinio	Diálogo o escrutinio
Consentimiento	Consentimiento	Consentimiento
Bendición de los anillos (y de las arras)	Bendición de los anillos (y de las arras)	Bendición de los anillos (y de las arras)
Oración de los fieles	Oración de los fieles	Oración de los fieles
	Bendición nupcial	Bendición nupcial
Liturgia eucarística		
Oración sobre las ofrendas		
Plegaria eucarística		
El padrenuestro		
Bendición nupcial		
Rito de la paz		
Comunión		
Oración después de la Comunión		
Rito de conclusión	*Rito de conclusión*	*Rito de conclusión*
Bendición solemne	Padrenuestro y bendición	Padrenuestro y bendición
Procesión de salida	Procesión de salida	Procesión de salida

Rito de entrada

Con el rito de entrada comienza la liturgia del Matrimonio y puede iniciar con la bienvenida que les da el sacerdote o el diácono. Muchas veces inicia simplemente con la procesión de entrada por parte de los ministros, el cortejo y la novia y el novio que pueden ser acompañados por sus padres. Una vez que todos llegan a sus lugares, se hace la señal de la Cruz. El sacerdote o diácono puede saludar a todos si no lo hubiera hecho anteriormente y luego los invita a la oración. Posteriormente reza en voz alta la oración colecta. Para más información sobre cómo elegir un determinado tipo de procesión, consulten la página 6.

Colecta

La colecta sirve para reunir a la asamblea en una oración. Ayuda a unir a todos los presentes en un vínculo de amistad espiritual y concentra su atención en la actividad litúrgica que está por comenzar.

Por favor, elijan una de las siguientes oraciones y regístrenla en su formulario de selección, usando el código alfanumérico que aparece en el encabezado de cada oración.

A-1

Dios nuestro, tú que con un designio
maravilloso consagraste la unión conyugal
para prefigurar en ella la unión de Cristo con su Iglesia,
concede a estos hijos tuyos, que realicen en su vida de esposos
este designio que conocen por la fe.
Por nuestro Señor Jesucristo, tu Hijo,
que vive y reina contigo
en la unidad del Espíritu Santo,
y es Dios, por los siglos de los siglos. Amén.

A-2

Dios nuestro, que al crear el género humano
quisiste establecer la unión entre el hombre y la mujer,
une en la fidelidad del amor a estos hijos tuyos [N. y N.],
que van a contraer Matrimonio,
para que siempre den testimonio con su vida
del amor divino que hoy los trae a tu altar.
Por nuestro Señor Jesucristo, tu Hijo, que vive y reina contigo
en la unidad del Espíritu Santo,
y es Dios, por los siglos de los siglos. Amén.

A-3

Escucha, Señor, nuestras súplicas
y derrama tu gracia sobre estos hijos tuyos [N. y N.],
que hoy se unen ante tu altar,
para que se mantengan firmes en el amor.
Por nuestro Señor Jesucristo, tu Hijo, que vive y reina contigo
en la unidad del Espíritu Santo,
y es Dios, por los siglos de los siglos. Amén.

A-4

Concede, Dios todopoderoso,
a estos hijos tuyos que hoy van a unirse
por el sacramento del Matrimonio,
crecer siempre en la fe que profesan y enriquecer con sus hijos
la familia fiel de tu Iglesia.
Por nuestro Señor Jesucristo, tu Hijo, que vive y reina contigo
en la unidad del Espíritu Santo,
y es Dios, por los siglos de los siglos. Amén.

A-5

Escucha con bondad nuestras súplicas, Señor,
y protege con tu gracia lo que has establecido
para la continuación del género humano;
concede a estos hijos tuyos que, unidos por ti, su Creador,
permanezcan en tu amor todos los días de su vida.
Por nuestro Señor Jesucristo, tu Hijo, que vive y reina contigo
en la unidad del Espíritu Santo,
y es Dios, por los siglos de los siglos. Amén.

A-6

Desde el principio, oh Dios,
has bendecido la creación con una vida rica y abundante;
escucha nuestras súplicas
y derrama tu bendición sobre tus hijos
[N. y N.], para que, unidos en Matrimonio,
con un mismo corazón y un mismo sentir,
se apoyen mutuamente y vivan   juntos en la santidad.
Por nuestro Señor Jesucristo, tu Hijo,
que vive y reina contigo
en la unidad del Espíritu Santo,
y es Dios, por los siglos de los siglos.
Amén.

Liturgia de la Palabra

En las lecturas de la Escritura que se proclaman durante las bodas católicas se habla de la misericordia que Dios tiene para con su pueblo y de nuestro llamado a responder a su amor misericordioso. Es una historia que comenzó en la Creación y que culminó con la muerte y resurrección de Jesús, hijo único de Dios. El amor que Dios ha derramado sobre nosotros se hace visible a través del don del Espíritu Santo. Ustedes serán testigos del amor de Dios al compartir el amor que sienten el uno por el otro como marido y mujer.

Después de que las lecturas de la Escritura son proclamadas, el sacerdote o diácono ofrecerá una homilía con base en las lecturas y en la teología de la iglesia sobre el Matrimonio. El propósito de la homilía es ayudar a todos los presentes a comprender mejor la palabra de Dios en el contexto de la celebración del Matrimonio.

La selección de las lecturas

Es común que la novia y el novio escojan una lectura del Antiguo Testamento, un salmo responsorial, una lectura del Nuevo Testamento y una lectura de los Evangelios. Antes de leer el Evangelio, se canta un Aleluya o un versículo del Evangelio. Para el Salmo y el Aleluya, tal vez se puedan poner de acuerdo con el director musical de su parroquia para ver qué cantos podrían cantar en su ceremonia. Para ayudarles a sacar más provecho y escoger mejor sus lecturas, cada pasaje de la Escritura viene acompañado en este folleto de una breve explicación llamada "Llevar la Palabra de Dios a casa".

Lean los textos que se les presentan y los comentarios que las acompañan. Escojan la que desean leer el día de su boda e indiquen su elección en el formulario, usando la clave alfanumérica que aparece en el encabezado de cada lectura. Registren también el número de página.

El número que verán entre paréntesis es el número de leccionario de esa lectura. El leccionario es el libro que contiene las lecturas de la Escritura que usamos para las celebraciones litúrgicas. Este número ayudará a su coordinador o delegado a señalar el leccionario para su ensayo y ceremonia.

Lecturas del Antiguo Testamento

B-1   La creación del hombre y la mujer
Génesis 1:26-28, 31a

Dijo Dios: "Hagamos al hombre a nuestra imagen y semejanza; que domine a los peces del mar, a las aves del cielo, a los animales domésticos y a todo animal que se arrastra sobre la tierra".

Y creó Dios al hombre a su imagen; a imagen suya lo creó; hombre y mujer los creó.

Y los bendijo Dios y les dijo: "Sean fecundos y multiplíquense, llenen la tierra y sométanla; dominen a los peces del mar, a las aves del cielo y a todo ser viviente que se mueve sobre la tierra".

Vio Dios todo lo que había hecho y lo encontró muy bueno.

Palabra de Dios.

Llevar la Palabra de Dios a casa

Esta lectura del libro del Génesis afirma algo que ustedes dos ya saben: que la energía creadora y procreadora del amor que se entrega es una increíble fuerza para hacer el bien. A lo largo de la historia, muchas personas e instituciones han pensado que el cuerpo, particularmente el sexo, es una debilidad humana de la que hay que tener cuidado, de la que hay que hablar en voz baja o que debe ser condenada y tratada como algo explícitamente malo. Seguramente ustedes no lo ven así. Su amor es muy especial, una experiencia hermosa: tal vez lo más hermoso que les ha pasado en su vida. Muy profundamente en su interior deben pensar que un amor tan bello no puede venir de otra parte que de Dios. Y están en lo correcto.

Muchas personas han leído este pasaje del Génesis por miles de años. Sus palabras y el mensaje que nos da son claros: venimos de la mano creadora de Dios quien nos ha hecho a su imagen y semejanza. Dios, que hizo nuestras mentes, nuestros corazones y nuestros cuerpos, considera que nosotros, al igual que toda su Creación, somos "muy buenos".

Desde la creación Dios bendijo al hombre y a la mujer con el poder de procrear nueva vida y con la tarea de ser buenos administradores en la Tierra. Cuando, como marido y mujer, cooperen con Dios en la procreación de una nueva vida, de una nueva persona, lo harán compartiendo sus esferas más íntimas, esto es, las esferas física, emocional y espiritual. Mantener una vida sexual saludable y satisfactoria puede resultar difícil y demandará un compromiso constante con el bienestar del otro y con su mismo Matrimonio. La paternidad puede resultar aún más difícil. La vida familiar requiere paciencia, mucho trabajo y, por encima de todo, amor incondicional.

Esta lectura sobre la historia de la creación nos sirve como recordatorio para saber que no enfrentarán su futuro solos. Dios que los creó y que los invita a compartir este maravilloso poder de procrear, les promete también que estará a su lado. Tengan confianza en que Él, que es amor y creador de todo lo bueno estará con ustedes por siempre, especialmente en sus momentos difíciles.

B-2   La creación de la mujer

Génesis 2:18-24

En aquel día, dijo el Señor Dios: "No es bueno que el hombre esté solo. Voy a hacerle a alguien como él, para que lo ayude". Entonces el Señor Dios formó de la tierra todas las bestias del campo y todos los pájaros del cielo y los llevó ante Adán para qué les pusiera nombre y así todo ser viviente tuviera el nombre puesto por Adán.

Así, pues, Adán les puso nombre a todos los animales domésticos, a los pájaros del cielo y a las bestias del campo; pero no hubo ningún ser semejante a Adán para ayudarlo.

Entonces el señor Dios hizo caer al hombre en un profundo sueño, y mientras dormía, le sacó una costilla y cerró la carne sobre el lugar vacío. Y de la costilla que le había sacado al hombre, Dios formó una mujer. Se la llevó al hombre y éste exclamo:

"Ésta sí es hueso de mis huesos
y carne de mi carne.
Ésta será llamada mujer,
porque ha sido formada del hombre".

Por eso el hombre abandonará a su padre y a su madre, y se unirá a su mujer y serán los dos una sola carne.

Palabra de Dios.

Llevar la Palabra de Dios a casa

"¡Esta sí es carne de mi carne!", grita Adán de alegría y gratitud cuando Dios le presenta a Eva. Cada uno de nosotros probablemente nos sentimos de forma similar cuando nos dimos cuenta de que estábamos completamente enamorados de la persona con la que nos queríamos casar. ¡Qué cosa tan maravillosa es encontrar a la persona (justo como cuando Adán encontró a Eva) que sabemos que está a "nuestra altura". Nos sentimos agradecidos y llenos de vida. ¡Esta sí es!

En esta lectura y en la que le precede inmediatamente, el autor sagrado nos enseña dos verdades importantes sobre el hombre y la mujer. La primera verdad es que Dios da al hombre y a la mujer la misma dignidad. Juntos en su masculinidad y en su feminidad, transmiten la imagen completa de Dios.

En el segundo pasaje de la creación, que se encuentra en el libro del Génesis 2:4-25, del que tomamos esta lectura, aprendemos la segunda verdad, igualmente importante: los hombres y las mujeres son creados específicamente diferentes como parte del plan de Dios. Están diseñados para ser hombre y mujer precisamente para que puedan vivir el uno para el otro durante el resto de sus vidas y ser verdaderos regalos para el otro. Sus diferencias que se originan en la sexualidad, sirven para unirlos. Sus diferencias son complementarias, no solo en sentido físico, sino en muchos otros aspectos en que los hombres y mujeres se relacionan como iguales, sin dejar de ser distintos.

En el Matrimonio, estas dos grandes verdades —la igualdad entre hombres y mujeres, y la necesidad de ambos sexos— florecen juntas como parte del plan de Dios para la humanidad. Cuando Adán dice que Eva es "hueso de mis huesos y carne de mi carne" usa una frase que quiere decir que en realidad "están hechos de lo mismo". En otras palabras, somos iguales como seres humanos. Pero a la vez Adán deja claro que ha encontrado en la mujer una persona con quien puede "compartir" y con quien se puede unir en "una sola carne".

Afirmar estas dos verdades sobre la igualdad y la diferencia es fundamental para encontrar la felicidad y la plenitud en la vida matrimonial. ¿Por qué? Porque, al mostrarse como iguales y diferentes en acciones concretas, es donde pueden donarse el uno al otro y también recibirse recíprocamente. A este mutuo dar y recibir es a lo que se comprometen al hacer las promesas matrimoniales.

¿Qué pasará una vez que haya terminado la boda y que transcurran los años en su vida de casados? ¿Seguirán dándose y recibiéndose como un regalo? En ocasiones, encontrarán que es difícil aceptar a su esposo o esposa totalmente como un regalo y que también será difícil darse plenamente como un regalo. Es importante que recuerden que, al haberlos unido Dios con un propósito, les dará también la fortaleza para lograrlo. En los años que vendrán, intenten recordar el momento en que como Adán, pensaron: "¡Esta sí es!" , "¡Es la que Dios tiene para mí!". Recuerden esa gran alegría y valórense mutuamente.

B-3   El encuentro de Isaac y Rebeca

Génesis 24:48-51; 58-67

En aquellos días, Eliezer, el siervo de Abrahán, le dijo a Labán, hermano de Rebeca, y a Betuel, el padre de ella: "Bendigo al señor, Dios de mi amo Abrahán, que me ha traído por buen camino para tomar a la hija de su hermano y llevársela al hijo de mi amo. Díganme, pues, si por amor y lealtad a mi amo, aceptan o no, para que yo pueda actuar en consecuencia".

Labán y Betuel le contestaron: "todo esto lo ha dispuesto el Señor; nosotros no podemos oponernos. Ahí está Rebeca: toma y vete, para que sea la mujer del hijo de tu amo, como lo ha dispuesto el Señor". Llamaron, entonces, a Rebeca y le preguntaron si quería irse con ese hombre, y ella respondió que sí.

Así pues, despidieron a Rebeca y a su nodriza, al criado de Abrahán y a sus compañeros. Y bendijeron a Rebeca con estas palabras: "Hermana nuestra, que tus descendientes se cuenten por millares y que conquisten las ciudades enemigas". Rebeca y sus compañeras montaron en los camellos y se fueron con el criado de Abrahán, encargado de llevar a Rebeca.

Isaac acababa de regresar del pozo de Lajay-Roí, pues vivía en las tierras del sur. Una tarde Isaac andaba paseando por el campo, y al levantar la vista, vio venir unos camellos. Cuando Rebeca lo vio, se bajó del camello y le preguntó al criado: "¿Quién es aquel hombre que viene por el campo hacia nosotros?" El criado le respondió: "Es mi señor". Entonces ella tomó su velo y se cubrió el rostro.

El criado le contó a Isaac todo lo que había hecho. Isaac llevó a Rebeca a la tienda que había sido de Sara, su madre, y la tomó por esposa y con su amor se consoló de la muerte de su madre.

Palabra de Dios.

Llevar la Palabra de Dios a casa

La historia del Matrimonio de Isaac con Rebeca parece estar a siglos de distancia de la forma en que la mayoría de las personas piensan actualmente sobre el Matrimonio. Es una historia del antiguo Medio Oriente, un mundo regido por reglas sobre las tribus, la descendencia sanguínea y el hogar. Viendo más allá de las diferencias que existían hace más de cuatro mil años, podemos encontrar cinco ideas que nos ayudan a comprender el Matrimonio.

1. *El Matrimonio afecta a la familia completa.* Abraham envió a su sirviente a un largo viaje para encontrar una esposa para su hijo Isaac. Él sabía que era muy importante que su hijo se casara con una mujer que compartiera sus creencias de modo tal que pudieran vivir su compromiso con Dios. El Matrimonio une a las familias: muchas veces une familias de culturas totalmente diferentes porque dos personas descubren que los dos tienen un fuerte lazo que los une y los llama a dar el "sí".

2. *El Matrimonio afecta a toda la comunidad.* En la historia bíblica, tanto Isaac como Rebeca provienen de familias pudientes, por lo tanto, su Matrimonio se asemeja a una boda real de hoy en día en el sentido que causa un impacto en todas las personas que son parte del clan. Incluso en las parejas ordinarias el Matrimonio tendrá un impacto en la forma en que se relacionan con el resto de la comunidad. Muchas decisiones como dónde vivir, cuándo y dónde trabajar, cómo pasar el tiempo libre, cómo gastar el dinero, a qué escuela enviar a los niños y muchas otras, surgen de la vida de casados. El Matrimonio en verdad causa un gran impacto en la iglesia, en un vecindario e incluso en una nación.

3. *El Matrimonio proviene de Dios.* La idea más prominente de la historia es que es Dios quien guía al sirviente de Abraham hacia Rebeca y quien ayuda a Labán a comprender que "En todo esto está la mano de Yavé". La tradición católica considera esta antigua visión, en la que se cree que el Matrimonio es creado por Dios como una forma particular de construir un reino de amor y justicia.

4. *El Matrimonio es una vocación.* Usamos el término "vocación" (o "llamado") como una forma de referirnos a la respuesta que le damos a las obras que Dios realiza por medio de cada uno de nosotros. Las palabras de Labán revelan que él reconoce que Dios es el autor de la historia y que todos nosotros somos actores dentro de ella. Logramos nuestra alegría y libertad al decir sí al llamado de Dios.

5. *El Matrimonio es un consuelo, un apoyo.* Las últimas líneas de la historia nos dicen cómo debemos entender el significado de la vocación: es la forma en que Dios nos mueve hacia el amor. Isaac, que sufre por la muerte de su madre, encuentra consuelo en Rebeca. Y mientras la historia (al igual que mucha de la literatura del Medio Oriente) se enfoca más en los personajes masculinos, podemos imaginar que la determinación que tenía Rebeca por co-

nocer a Isaac era señal de que ella también había encontrado consuelo. A ese consuelo le llamamos "gracia": el regalo del amor gratuito de Dios hacia los esposos por medio del cual les permite amarse a través de los retos y dificultades de la vida.

B-4   El Matrimonio de Tobías y Sara

Tobías 7:6-14

En aquellos días, Ragüel besó a Tobías y entre lágrimas le dijo: "¡que Dios te bendiga, porque eres hijo de un padre verdaderamente bueno e irreprochable! ¡Qué gran desgracia que un hombre justo y que hacía tantas limosnas se haya quedado ciego!" Y llorando, estrechó entre sus brazos a Tobías, hijo de su hermano. También Edna, su esposa, y Sara, su hija, rompieron a llorar. Ragüel los acogió cordialmente y mandó matar un carnero de su rebaño.

Después, se lavaron, se purificaron y se sentaron a la mesa. Entonces Tobías le dijo a Rafael: "Azarías, hermano, dile a Ragüel que me dé la mano de mi hermana Sara". Ragüel alcanzó a escucharlo y le dijo a Tobías: "Come y bebe y descansa tranquilamente esta noche. Nadie tiene más derecho que tú, hermano, para casarse con mi hija Sara y a nadie se la puedo yo dar sino a ti, porque tú eres mi pariente más cercano. Pero tengo que decirte una cosa, hijo. Se la he entregado a siete parientes nuestros y todos murieron antes de tener relaciones con ella. Por eso, hijo, come y bebe y el Señor cuidará de ustedes".

Tobías replicó: "No comeré ni beberé, hasta que no hayas tomado una decisión acerca de lo que te he pedido". Ragüel le contestó: "Está bien. Según la ley de Moisés a ti se te debe dar. El cielo mismo lo ha decretado. Cásate, pues, con tu hermana; desde ahora tú eres su hermano, y ella, tu hermana. Desde hoy y para siempre será tu esposa. Hijo, que el Señor del cielo los acompañe durante esta noche, tenga misericordia de ustedes y les conceda su paz".

Ragüel mandó llamar a su hija Sara, ella vino, y tomándola de la mano, se la entregó a Tobías diciéndole: "Recíbela, pues, según lo prescrito en la ley de Moisés. A ti se te da como esposa. Tómala y llévala con bien a la casa de tu padre. Y que el Señor del cielo les conceda a ustedes un buen viaje y les dé su paz".

Entonces Ragüel llamó a la madre de Sara y le pidió que trajera papel para escribir el acta de Matrimonio, en que constara que su hija había sido entregada por esposa a Tobías, de acuerdo con lo establecido en la ley de Moisés. La esposa de Ragüel trajo el papel. Y él escribió y firmó. Y después se sentaron a cenar.

Palabra de Dios.

Llevar la Palabra de Dios a casa

Aplicar un texto antiguo a nuestra situación actual muchas veces resulta difícil, pero esta lectura ofrece varias lecciones valiosas para los jóvenes de hoy.

Primero: noten la importancia que la familia tiene en esta escena. Ambos padres de Sarah están implicados en lo que sucede. Raguel, su padre, la da formalmente en Matrimonio a Tobías y Edna, su madre, le ayuda a hacer los preparativos para la boda.

Hoy en día, muchas parejas inician su nueva vida de forma aislada, como si sus amigos y familiares pasaran a un segundo plano. Pero Tobías y Sara nos muestran que el iniciar una vida nueva no implica desechar nuestra vida anterior. Por el contrario, el Matrimonio tiene una dimensión de comunidad. El amor es para compartirse y un Matrimonio sano es precisamente uno en el que el amor de dos personas irradia desde su interior, salpicando amor a los demás y recibiendo amor por respuesta.

Aunque es extraño ante nuestros ojos, el deseo de Tobías de casarse con un pariente sanguíneo era algo común en el antiguo Israel. Casarse con alguien de su mismo clan o familia, ayudaba a asegurar que las personas seguirían comprometidas con Dios y con los preceptos religiosos del judaísmo. En nuestra sociedad religiosamente plural, esto ya no es prevalente. Los católicos que se casan con no católicos pueden conservar una fe fuerte.

Independientemente de nuestro credo, debemos tener en mente que nuestra meta en realidad consiste en unirnos con Dios. Un Matrimonio exitoso, al igual que todas las relaciones, nos ayudará a alcanzar nuestra meta. Esto es un gran reto para nosotros, pues estamos llamados a edificar a nuestro esposo o esposa y a transmitirle el amor que Dios siente por él. Es reconfortante saber que esa persona a la que tanto amamos, hace los mismo por nosotros.

B-5   Oración de los nuevos esposos

Tobías 8:4b-8

La noche de su boda Tobías se levantó y le dijo a Sara: "¡Levántate, hermana!
Supliquemos al Señor, nuestro Dios, que tenga misericordia de nosotros y nos
proteja". Se levantó Sara y comenzaron a suplicar al Señor que los protegiera,
diciendo: "Bendito seas, Dios de nuestros padres y bendito sea tu nombre
por los siglos de los siglos. Tú creaste a Adán y le diste a Eva como ayuda y
apoyo, y de ambos procede todo el género humano. Tú dijiste: 'No es bueno
que el hombre esté solo. Voy a hacer a alguien como él, para que lo ayude'".

"Ahora, Señor, si yo tomo por esposa a esta hermana mía, no es por
satisfacer mis pasiones, sino por un fin honesto. Compadécete, Señor, de ella
y de mí y a haz que los dos juntos vivamos felices hasta la vejez".

Los dos dijeron: "Amén, amén".

Palabra de Dios.

Llevar la Palabra de Dios a casa

La primera cosa que hacen los recién casados en esta lectura del libro de Tobías es rezar. Esto puede parecer extraño pero, de hecho, ustedes se casarán en una celebración litúrgica de la Iglesia, llena de oraciones y bendiciones.

En la historia bíblica, Tobías y Sara se acaban de casar y los padres de Sara los acompañan hasta la alcoba donde pasarán su primera noche juntos. Antes de retirarse a dormir, Tobías le pide a su esposa que rece con él y luego los dos piden al Señor que bendiga su unión. Tobías y Sara nos dan un excelente ejemplo de cómo comenzar un Matrimonio con el pie derecho. Un buen Matrimonio es uno en el que los esposos invitan a Dios a tomar un papel activo en sus vidas para que los nutra y sostenga en los años que están por venir.

Desde luego que encontrar tiempo para rezar no siempre es fácil. Esto es cierto para los solteros y mucho más cierto cuando a la propia agenda se le añaden las preocupaciones de otra persona y las necesidades mutuas. Una vez que los niños aparecen en este escenario, la vida de los esposos se puede llenar de reuniones, fiestas, entrenamientos deportivos, clases de música, etc. En breve sus ocupaciones les dejan menos tiempo para rezar. Sin embargo, los esposos prudentes tratarán de imitar a Tobías y a Sara, y rezarán unidos, agradeciendo a Dios por su inmensa bondad y pidiéndole que los siga bendiciendo. En un Matrimonio exitoso, es muy importante tanto la comunicación con Dios de quien todo proviene, como con el propio cónyuge.

Aunque han estado casados por tan solo algunas horas, Tobías y Sara ya piensan como pareja. Le piden a Dios que los proteja, que tenga piedad de ellos y que les permita llegar juntos a una feliz vejez. Tobías y Sara se asemejan a Adán y a Eva en el sentido de que Dios los creó como pareja perfecta el uno para el otro. La palabra hebrea para pareja es neged, que significa una relación de igualdad, armonía y cooperación. La transición a esta nueva realidad puede ser difícil para cualquiera, especialmente en nuestra sociedad moderna en la que el individualismo se considera un gran valor. Pero estar casados no significa que el esposo y la esposa perderán su individualidad, más bien, entran a una nueva realidad que los llevará a trascender su identidad individual. Como esposos están unidos en un lazo inquebrantable y viven en un nuevo tipo de sociedad. Ya no avanza cada uno por su lado, sino que recorren un mismo camino tomados de la mano. Compartirán sus intimidades y los detalles de su vida diaria.

La oración de Sara y Tobías es un buen ejemplo de lo que significa recorrer un mismo camino. Tanto en lo próspero como en lo adverso, recuerden el ejemplo de Sara y Tobías, y juntos ofrezcan su gratitud y pidan por sus necesidades a Dios que los ama.

B-6

Proverbios 31:10-13. 19-20. 30-31

Dichoso el hombre que encuentra una mujer hacendosa;
muy superior a las perlas es su valor.
Su marido confía en ella
y, con su ayuda, él se enriquecerá;
todos los días de su vida
te procurará bienes y no males.
Adquiere lana y lino
y los trabaja con sus hábiles manos.
Sabe manejar la rueca y con sus dedos mueve el huso;
abre sus manos al pobre y las tiende al desvalido.
Son engañosos los encantos, y vana la hermosura;
merece alabanza la mujer que teme al Señor.
Es digna de gozar del fruto de sus trabajos
y de ser alabada por todos.

Palabra de Dios.

Llevar la Palabra de Dios a casa

El libro de los Proverbios se escribió aproximadamente seis siglos antes del nacimiento de Jesús y contiene la sabiduría del pueblo de Israel y de otros pueblos vecinos. Ofrece consejos prácticos y advertencias sobre cómo afrontar diversas situaciones de la vida, cómo educar a los niños, cómo llevar un negocio y cómo tener un hogar fecundo. Ese libro cierra con el pasaje que vemos aquí, donde se habla de la bendición que significa tener una "mujer de carácter" o una esposa de gran valor.

Este pasaje ofrece una mirada fascinante a la vida de una mujer que vive en un hogar bien establecido en el antiguo Israel: lleva a cabo las múltiples actividades que son parte de su vida familiar, pero también sale al mercado y tiene otras actividades fuera de casa. Se debe subrayar que también hace obras de caridad y ayuda a los necesitados. Es creativa, trabajadora y está comprometida con su comunidad. Se puede parecer a muchas mujeres con las que tratamos todos los días.

El trabajo es una actividad central dentro de las familias. La doctrina católica enseña que formar hogares felices y saludables es la prioridad de las parejas casadas. Sin embargo al final del camino las familias no se encargan solo de ellas mismas y de su propio crecimiento. Todas las familias están llamadas a servir a Dios, ya sea en su trabajo o en sus actividades de caridad. Están llamadas a ser agentes de transformación en el mundo.

Uno de los retos más importantes que enfrentan las familias contemporáneas, es encontrar el equilibrio adecuado entre el trabajo de casa, el trabajo fuera de casa, el tiempo que le dedican a la Iglesia y a otras actividades sociales. Cada pareja aborda este reto de forma diferente. Hace no mucho tiempo se acostumbraba que la mujer se encargara de la casa, que el marido se ocupara de trabajar y que uno o ambos se involucraran en alguna labor social. Sin embargo no es algo absoluto. A lo largo de la historia ha habido diferentes culturas que se han organizado de otra forma y han contado con matrimonios exitosos.

¿Quién se encargará de las labores domésticas? ¿Los dos piensan trabajar? ¿El trabajo de uno tendrá prioridad sobre el del otro? ¿Qué aportará su hogar para mejorar la comunidad? ¿Cómo esperan vivir sus roles y sus responsabilidades sobre la paternidad? Ninguna pareja inicia su Matrimonio con la respuesta a todas estas preguntas, nadie conoce en su totalidad estas respuestas desde el principio. Las cosas cambian y por ende también cambian los planes, los sueños y los proyectos. Sin embargo, respetar sus trabajos, tanto el doméstico como el profesional, valorar lo que cada uno pueda aportar, les ayudará a encontrar una gran recompensa en la realización de sus labores.

B-7 Amor tan fuerte como la muerte

Cantar de Los Cantares 2:8-10. 14. 16a; 8,6-7a

Aquí viene mi amado saltando por los montes,
retozando por las colinas.
Mi amado es como una gacela, es como un venadito,
que se detiene detrás de nuestra tapia
espía por las ventanas y mira a través del enrejado.
Mi amado me habla así:
"Levántate, amada mía, hermosa mía, y ven.
Paloma mía, que anidas en las hendiduras de las rocas,
en las grietas de las peñas escarpadas,
déjame ver tu rostro y hazme oír tu voz,
porque tu voz es dulce y tu rostro encantador".
Mi amado es para mí y yo para mi amado.
Grábame como un sello en tu brazo,
como un sello en tu corazón,
porque es fuerte el amor como la muerte,
es cruel la pasión como el abismo;
es centella de fuego, llamarada divina;
las aguas torrenciales no podrán apagar el amor
ni anegarlo los ríos.

Palabra de Dios

Llevar la Palabra de Dios a casa

El cantar de los cantares es un hermoso poema de amor atribuido a Salomón, que fue rey de Israel en el siglo X a.c. Probablemente se escribió siglos después de su muerte. El lenguaje que emplea es tan erótico que en un principio muchos estudiosos se preguntaban si este libro en realidad pertenecía a la Biblia, especialmente porque su contenido es bastante sexual y no habla de Dios. Teniendo en cuenta lo anterior, resulta muy interesante considerar lo que el Rabbí Akiba, quien vivió algunas décadas antes que Jesús, pensaba sobre este poema. El pensaba que este poema en realidad estaba basado en toda la Escritura, ya que es la historia de dos corazones encendidos por el fuego del amor.

En la tradición judía, el Cantar de los Cantares se lee en el tiempo de Pascua, que es el tiempo en que se recuerda cómo Dios liberó al pueblo de Israel de la esclavitud de Egipto, guiándolo hacia la Tierra Prometida. La Pascua conmemora las dificultades por las que los judíos atravesaron al pasar por el desierto. A primera vista, no parece que ese sea un buen momento para hablar de erotismo. Pero los rabinos, en su sabiduría, sabían que este tipo de amor tan poderoso era lo que movía a Dios a compadecerse de Israel: la historia de amor del Cantar de los Cantares es la historia que narra y celebra el Éxodo de Egipto. Dios amaba tanto al pueblo de Israel que estaba dispuesto a rescatarlo y a traerlo a casa, aun en los momentos en que su amor no era correspondido.

A la luz de esta lectura rabínica, es interesante para los cristianos considerar cómo el sufrimiento y muerte de Jesús, la Pasión, ocurrieron dentro de la celebración de la Pascua. La palabra "pasión" proviene del latín y significa "sufrimiento" y esta idea cobra sentido cuando pensamos en todo lo que abarca el amor. El amor apasionado es la devoción hacia un objeto que uno desea a tal grado, que está dispuesto a aceptar cualquier sufrimiento en nombre de ese amor. Piensen en Romeo y Julieta o en Tristán e Isolda: historias clásicas de enamorados que sacrifican todo por amor.

Al inicio de muchas relaciones, la experiencia del amor apasionado es sorprendente, excitante y abrumadora. Sin embargo, cuando las circunstancias ordinarias de la vida toman su curso, resulta difícil mantener ese sentimiento de amor apasionado. Los trabajos, los problemas económicos, las preocupaciones de la familia y el hogar, consumen tiempo y energía, y suelen afectar nuestra pasión.

En su primera carta, Juan nos dice que Dios es amor (4:8). San Agustín nos sugiere que no busquemos un sentimiento que confundamos con el amor, sino que busquemos a Dios porque a medida que conozcamos a Dios, encontraremos el amor verdadero. Desde el punto de vista católico, un esposo o esposa son el sacramento o símbolo del amor que Dios nos tiene. Con el tiempo, la pasión y los demás sentimientos surgirán de ese amor de forma mucho más profunda.

B-8   Una esposa muy buena y un esposo feliz

Eclesiástico (Sirácide) 26:1-4, 16-21

Dichoso el marido de una mujer buena:
se doblarán los años de su vida.
La mujer hacendosa es la alegría de su marido,
y él vivirá su vida en paz.
La mujer buena es un tesoro:
Lo encuentran los que temen al Señor;
sean ricos o pobres, estarán contentos
y siempre vivirán con alegría.
La mujer servicial alegra a su marido;
la que es cuidadosa le causa bienestar.
La mujer discreta es un don del Señor;
y la bien educada no tiene precio.
La mujer modesta duplica su encanto
y la que es dueña de sí supera toda alabanza.
Como el sol que brilla en el cielo del Señor,
así es la mujer bella en su casa bien arreglada.

Palabra de Dios.

Llevar la Palabra de Dios a casa

¿Cómo podemos saber si hemos encontrado a la persona indicada? En otros tiempos y lugares las personas se casaban basándose en razones más prácticas, pero hoy en día todos queremos casarnos con nuestra "alma gemela". El autor del libro del Eclesiástico fue un maestro judío del siglo II antes de Cristo quien aconsejaba a sus alumnos que valoraran el carácter mucho más que cualquier otra cualidad al escoger a su esposa. Si aún enseñara en estos días, probablemente agregaría algunas advertencias sobre la naturaleza fugaz del romanticismo y probablemente también nos diría que el carácter es una característica muy importante, que tanto un esposo como una esposa deben tener.

¿Pero en qué consiste el buen carácter? Entre los versículos que se muestran en esta lectura, hay versículos donde el autor del libro del Eclesiástico describe los vicios de una mala esposa: es envidiosa, malhumorada, aficionada a la bebida, lujuriosa, terca e impulsiva. En contraste, este extracto muestra que una esposa virtuosa es humilde, lenta para enojarse, fiel, lo suficientemente disciplinada para mantener ordenado un hogar y lleno de gracia.

¿Pero una esposa con buen carácter es suficiente para sostener un matrimonio? Un teólogo contemporáneo suele escandalizar a sus alumnos diciéndoles: "Siempre se casarán con la persona equivocada". Él no pretende desalentarlos para que dejen de conocer bien a alguien antes de proponerle matrimonio, pero la realidad es que no podemos conocer todo acerca de una persona. Las personas cambian con el tiempo. Las realidades económicas, culturales y religiosas cambian también. Simplemente no podemos anticipar enfermedades serias, el desempleo, problemas de infertilidad ni otras dificultades que nuestros hijos o nosotros mismos vayamos a tener. Habrá momentos en que nuestro esposo parezca ser la "persona equivocada", alguien cuyos intereses, ideas y temperamento no se parezcan a los nuestros. Sin embargo, si hemos elegido bien, su buen carácter será una fuente de gracia en los buenos momentos cuando nos sentimos bendecidos y también lo será en los malos momentos en los que tenemos que esforzarnos por ser la persona que nuestro esposo merece.

Dos personas de carácter fuerte se unen en un Matrimonio católico no solo para seguir adelante con un romance, sino también para construir una vida. Juntos crearán un hogar y un ritmo de vida centrado en torno a personas y no a cosas materiales. Juntos deciden a qué compromisos darles prioridad ya sea dentro del mismo matrimonio, el trabajo, los niños, los ancianos, el vecindario, las escuelas o la comunidad. Juntos hacen de su hogar un lugar de paz, amor y acogida.

La visón del libro del Eclesiástico no es precisamente la visón romántica de dos almas gemelas que se enamoran a primera vista y saben que estarán felizmente juntos para siempre. Sin embargo, si escogemos por esposo a una persona con buen carácter, como el esposo del que habla este pasaje, podremos estar agradecidos por tener a una persona verdaderamente buena a nuestro lado, un compañero que su presencia es tan hermosa como cuando "el sol se levanta en las montañas del Señor."

B-9   La nueva alianza del pueblo de Dios

Jeremías 31:31-32a. 33-34a

"Se acerca el tiempo, dice el Señor,
en qué haré con la casa de Israel
y la casa de Judá una alianza nueva.
No será como la alianza que hice con los padres de ustedes,
cuando los tomé de la mano para sacarlos de Egipto.
"Ésta será la alianza nueva
qué voy a hacer con la casa de Israel:
Voy a poner mi ley en lo más profundo de su mente
y voy a grabarla en sus corazones.
Yo seré su Dios y ellos serán mi pueblo.
Ya nadie tendrá que instruir a su prójimo ni a su hermano,
diciéndole, 'Conoce al Señor',
porque todos me van a conocer,
desde el más pequeño hasta el mayor de todos".

Palabra de Dios.

Llevar la Palabra de Dios a casa

Muchos de los acuerdos que hacen las personas son tratos condicionados: yo hago esto si tú haces aquello. En este sistema, las reglas son fundamentales. Seguir las reglas garantiza la armonía. Es la forma en que la sociedad funciona y hace negocios. Pero ésta no es la mejor forma de vivir las promesas que hacemos dentro de un matrimonio.

El profeta Jeremías le recordaba al pueblo de Israel que tener una relación con Dios era mucho más que seguir reglas. Tener una relación con Dios implica recordar a quién le pertenecemos. En la Antigua Alianza, Dios dio reglas en los Diez Mandamientos y en la Ley de Moisés; pero las personas las quebrantaron una y otra vez. Sin embargo, sin importar cuántas veces fallaron los israelitas, Dios siempre los llamó a regresar a Él. El amor de Dios por su pueblo era tan grande, que decidió hacer una promesa nueva, basada en el amor y no en las reglas. En esta nueva alianza, Dios les promete a los israelitas estar con ellos de forma incondicional. Dios nunca olvidaría a los suyos y en respuesta a este amor incondicional, el pueblo de Dios recordaría que le pertenece a Él.

En esta nueva alianza, en consecuencia, necesitarían una sola regla: una que no necesitaría ser enseñada porque el pueblo de Dios experimentaría un cambio desde su interior. Esta nueva alianza estaría escrita en sus corazones de modo tal que nunca la olvidarían.

No importa cuánto se amen mutuamente, habrá momentos en su relación en que se sentirán desmotivados. Esta es simplemente la realidad del ser humano: habrá algunos pequeños errores por aquí y por allá; habrá algunos errores grandes. Por otra parte, hacer una promesa no evitará por sí misma que esto suceda, pero si les ayudará a mantener la esperanza.

Si pueden recordar que se pertenecen el uno al otro y a Dios, siempre habrá esperanza para la sanación. Si pueden recordar las cosas que les gustaron del otro, puede haber esperanza para comenzar de nuevo. Si pueden recordar que el estar juntos implica que no están solos, que se pertenecen en el amor, entonces pueden enfrentar juntos los retos que se les presenten. No necesitan basarse en una lista de reglas, pueden basarse en el amor que sienten el uno por el otro y en el amor que Dios siente por ustedes.

A medida que se preparan para hacer sus promesas matrimoniales, abran sus corazones de tal modo que Dios pueda escribir su nueva ley sobre ellos. Saboreen los recuerdos que han construido juntos y escríbanlos cada día en su corazón.

Justo como Dios ha hecho una alianza con ustedes, la Iglesia también la hace. Nos pertenecen y les pertenecemos. No siempre seremos perfectos, pero lucharemos por recordar la promesa que les hicimos el día de su boda: amarles incondicionalmente y ayudarles a recordar que Dios los ama de igual forma.

Salmos responsoriales

C-1   La providencia de Dios

Salmo 32(33), 12 y 18:20-21. 22

R: *La misericordia del Señor llena la tierra.*

Dichosa la nación cuyo Dios es el Señor,
el pueblo que él se escogió como heredad.
Los ojos del Señor están puestos en sus fieles,
en los que esperan en su misericordia. **R.**

Nosotros aguardamos al Señor:
él es nuestro auxilio y escudo;
con Él se alegra nuestro corazón,
en su santo nombre confiamos. **R.**

Que tu misericordia, Señor,
venga sobre nosotros,
como lo esperamos de ti. **R.**

C-2   Bendigan al Señor

Salmo 33(34):2-3. 4-5. 6-7. 8-9

R: (2a): *Bendigo al Señor en todo momento.*
O bien:
R: (9a): *Gusten y vean qué bueno es el Señor.*

Bendigo al Señor en todo momento,
su alabanza está siempre en mi boca;
mi alma se gloría en el Señor:
que los humildes lo escuchen y se alegren. **R.**

Proclamen conmigo la grandeza del Señor,
ensalcemos juntos su nombre.
Yo consulté al Señor, y me respondió,
me libró de todas mis ansias. **R.**

Contémplenlo, y quedarán radiantes,
su rostro no se avergonzará.
Si el afligido invoca al Señor, él lo escucha
y lo salva de sus angustias. **R.**

El ángel del Señor acampa
en torno a sus fieles y los protege.
Gusten y vean qué bueno es el Señor,
dichoso el que se acoge a él. **R.**

C-3 El Señor es misericordioso

Salmo 102(103):1-2. 8 y 13, 17-18a
R: (8a): *El Señor es compasivo y misericordioso.*

O bien:
R: (cf. 17): La misericordia del señor dura siempre,
para los que cumplen sus mandatos.

Bendice, alma mía, al Señor,
y todo mi ser a su santo nombre.
Bendice, alma mía, al Señor,
y no olvides sus beneficios. **R.**

El Señor es compasivo y misericordioso,
lento a la ira y rico en clemencia.
Como un padre siente ternura por sus hijos,
siente el Señor ternura por sus fieles. **R.**

Pero la misericordia del Señor dura siempre,
su justicia pasa de hijos a nietos:
para los que guardan la alianza
y recitan y cumplen sus mandatos. **R.**

C-4   Feliz el hombre

Salmo 111(112):1-2. 3-4. 5-7a. 7bc-8. 9
R: (cf. 1): *Dichoso quien ama de corazón los mandatos del Señor.*

O bien:
R: *Aleluya.*

Dichoso quien teme al Señor
y ama de corazón sus mandatos.
Su linaje será poderoso en la tierra,
la descendencia del justo será bendita. **R.**

En su casa habrá riquezas y abundancia,
su caridad es constante, sin falta.
En las tinieblas brilla como una luz
el que es justo, clemente y compasivo. **R.**

Dichoso el que se apiada y presta,
y administra rectamente sus asuntos.
El justo jamás vacilará,
su recuerdo será perpetuo. **R.**

No temerá las malas noticias,
su corazón está firme en el Señor.
Su corazón está seguro, sin temor,
hasta que vean derrotados a sus enemigos. **R.**

Reparte limosna a los pobres;
su caridad es constante, sin falta,
y alzará la frente con dignidad. **R.**

C-5 Felices aquellos que temen al Señor

Salmo 127(128):1-2. 3. 4-5

R: (cf. 1): *Dichosos los que temen al Señor.*

O bien:
R: (4): *Esta es la bendición del hombre que teme al Señor.*

Dichoso el que teme al Señor
y sigue sus caminos.
Comerás del fruto de tu trabajo,
serás dichoso, te irá bien. **R.**

Tu mujer, como vid fecunda,
en medio de tu casa;
tus hijos, como renuevos de olivo,
alrededor de tu mesa. **R.**

Ésta es la bendición del hombre que teme al Señor.
Que el Señor te bendiga desde Sión,
que veas la prosperidad de Jerusalén
todos los días de tu vida. **R.**

C-6 El Señor es compasivo

Salmo 144(145):8-9. 10 y 15. 17-18

R: (9a): *El Señor es bueno con todos.*

El Señor es clemente y misericordioso,
lento a la cólera y rico en piedad;
el Señor es bueno con todos,
es cariñoso con todas sus criaturas. **R.**

Que todas tus criaturas te den gracias,
Señor, que te bendigan tus fieles.
Los ojos de todos te están aguardando,
tú les das la comida a su tiempo. **R.**

El señor es justo en todos sus caminos,
es bondadoso en todas sus acciones;
cerca está el Señor de los que lo invocan,
de los que lo invocan sinceramente. **R.**

C-7   Alaben el nombre del Señor

Salmo 148:1-2. 3-4. 9-10. 11-13ab. 13c-14a

R. (13a): *Alaben el nombre del Señor.*

O bien:
R: *Aleluya*

Alaben al Señor en el cielo,
alaben al Señor en lo alto.
Alábenlo, todos sus ángeles;
alábenlo, todos sus ejércitos. **R.**

Alábenlo, sol y luna;
alábenlo, estrellas lucientes.
Alábelo, espacios celestes
y aguas que cuelgan en el cielo. **R.**

Montes y todas las sierras,
árboles frutales y cedros,
fieras y animales domésticos,
reptiles y pájaros que vuelan. **R.**

Reyes y pueblos del orbe,
príncipes y jefes del mundo,
los jóvenes y también las doncellas,
los viejos junto con los niños,
alaben el nombre del Señor,
el único nombre sublime. **R.**

Su majestad sobre el cielo y la tierra;
él acrece el vigor de su pueblo.
Alabanza de todos sus fieles,
de Israel, su pueblo escogido. **R.**

Lecturas del Nuevo Testamento

D-1

El amor de Cristo

Romanos 8:31b-35. 37-39

Hermanos: Si Dios está a nuestro favor, ¿quién estará en contra nuestra? El que no nos escatimó a su propio Hijo, sino que lo entregó por todos nosotros, ¿cómo no va a estar dispuesto a darnos todo, junto con su Hijo? ¿Quién acusará a los elegidos de Dios? Si Dios mismo es quien nos perdona, ¿quién será el que los condene? ¿Acaso Jesucristo, que murió, resucitó y está a la derecha de Dios para interceder por nosotros?

¿Qué cosa podrá apartarnos del amor con que nos ama Cristo? ¿Las tribulaciones? ¿Las angustias? ¿La persecución? ¿El hambre? ¿La desnudez? ¿El peligro? ¿La espada?

Ciertamente de todo esto salimos más que victoriosos, gracias a aquel que nos ha amado; pues estoy convencido de que ni la muerte ni la vida, ni los ángeles ni los demonios, ni el presente ni el futuro, ni los poderes de este mundo, ni lo alto ni lo bajo, ni creatura alguna podrá apartarnos del amor que nos ha manifestado Dios en Cristo Jesús.

Palabra de Dios.

Llevar la Palabra de Dios a casa

Un domingo durante la celebración de la Misa, un sacerdote salió de la iglesia y se dirigió hacia una pareja que se encontraba en la entrada. El hombre cargaba a un niñito de dos años y la mujer estaba sentada en las escaleras, inclinada hacia adelante, tapándose la cara con las manos. El calor y la multitud de la iglesia se combinaron con un malestar provocando que se mareara. La compasión del esposo y el malestar de su esposa muestran la realidad de un Matrimonio mucho más que cualquier sueño ideal, donde todo se ve como libre de problemas y romántico.

Las bodas deben ser eventos llenos de risas, alegría, promesas, fe y esperanza, afecto profundo y una buena dosis de realismo. La unión a la que ambos se comprometen haciendo sus promesas matrimoniales encierra muchas alegrías, problemas y altibajos. Sin embargo, aquí están los dos diciendo sí al gran misterio que encierra el Matrimonio católico. Su futuro se presenta ante ustedes lleno de imágenes de esperanza, tal vez con algunos imprevistos. Sin embargo, lo que en verdad les depara el futuro, lo irán descubriendo juntos, de la mano, acompañándose mutuamente en cada paso de su vida.

Esta lectura del la carta de san Pablo a los romanos nos recuerda que, pase lo que pase, Jesús también estará con nosotros. Esto se cumplió con los primeros cristianos que sufrieron persecuciones y martirio; también se cumplirá con ustedes y con el resto de nosotros. La vida traerá su dosis de dolor y de tristeza, pero esto no debe separarlos de Dios. Mientras su amor por Dios se mantenga fuerte, podrán apoyarse en El y entre ustedes, incluso en sus peores momentos.

San Pablo nos recuerda que el amor verdadero es más fuerte que la muerte. El esposo y la esposa que se aman mutuamente, no deben temer ni a la vida ni a la muerte; no deben temer situaciones que hayan vivido ni las que estén por enfrentar. Su amor, que va más allá de la muerte y que conquista la cruz de cada día, crecerá a medida que se presenten las aflicciones de la vida.

Tener un crucifijo en su nuevo hogar puede ser un recordatorio de estas verdades. Nos recuerda el sufrimiento y la gloria de Jesús, así como también su gran amor por nosotros. Nos recuerda que cada pareja deberá compartir su muerte y resurrección. Nos recuerda que si tenemos a Dios en nuestras vidas, nada podrá interponerse entre nosotros.

D-2   La vida de un cristiano

Romanos 12:1-2. 9-18

Hermanos: Por la misericordia que Dios les ha manifestado, los exhorto a que se ofrezcan ustedes mismos como una ofrenda viva, santa y agradable a Dios, porque en esto consiste el verdadero culto. No se dejen transformar por los criterios de este mundo, sino dejen que una nueva manera de pensar los transforme internamente, para que sepan distinguir cuál es la voluntad de Dios, es decir, lo que es bueno, lo que le agrada, lo perfecto.

Que el amor de ustedes sea sincero. Aborrezcan el mal y practiquen el bien; ámense cordialmente los unos a los otros, como buenos hermanos; que cada uno estime a los otros más que a sí mismo. En el cumplimiento de su deber, no sean negligentes y mantengan un espíritu fervoroso al servicio del Señor. Que la esperanza los mantenga alegres; sean constantes en la tribulación y perseverantes en la oración. Ayuden a los hermanos en sus necesidades y esmérense en la hospitalidad.

Bendigan a los que los persiguen; bendíganlos, no los maldigan. Alégrense con los que se alegran; lloren con los que lloran. Que reine la concordia entre ustedes. No sean, pues, altivos; más bien pónganse al nivel de los humildes.

A nadie devuelvan mal por mal. Esfuércense en hacer el bien delante de todos los hombres. En cuanto de ustedes depende, hagan lo posible por vivir en paz con todo el mundo.

Palabra de Dios.

Llevar la Palabra de Dios a casa

Es peligroso suponer que podrán hacer que su futuro esposo o esposa cambie. En verdad se están comprometiendo a amar y a permanecer junto a esa persona para siempre, con todo y sus defectos. Sin embargo, con el paso del tiempo y a medida que su amor aumenta, las personas cambian, normalmente para bien. Las parejas, al igual que los amigos, influyen el uno en el otro y en muchas ocasiones se ayudan a sacar lo mejor de cada uno. Otras relaciones y experiencias que les presente la vida también causarán un cambio en ustedes a medida que maduren en su matrimonio.

Cuando los jóvenes están enamorados por primera vez suelen pensar en las necesidades del otro antes que en las suyas. Se compran regalos y pasan horas platicando por teléfono o por internet. Aprenden sobre el amor romántico y descubren que la felicidad puede llegar al dejar de pensar en uno mismo para pensar en el otro.

Ustedes dos ya han dejado atrás ese amor tierno e importante, pero prematuro. Su amor es seguramente más fuerte y maduro, y tiene como meta lograr la felicidad del otro. Su gran deseo es hacerse felices mutuamente, pero esto solo puede ser posible si abren sus corazones al mundo exterior y comienzan a preocuparse por el bienestar y la felicidad de las demás personas que los rodean.

En esta lectura de la carta de san Pablo a los romanos, encontramos una magnífica guía para crear un Matrimonio que abre las puertas a la comunidad en la que vivirá. Pablo les sugiere a los cristianos, y ahora a ustedes, que encuentren la alegría en la esperanza, que soporten los problemas y perseveren en la oración; en otras palabras, les sugiere que construyan un lazo indestructible entre los dos. Les dice que se preocupen por los demás, que "bendigan" a quienes los persigan y que se alegren con quienes están alegres y que consuelen a los que lloran. Les invita a no buscar venganza o cobrarse alguna mala obra con otra y a no tenerse por sabios. Tal vez, para los matrimonios que tienen problemas, la parte más difícil de este consejo sea vivir con armonía, siendo acogedores y amables con el otro.

No hay nada que temer. Ser acogedor, cariñoso y amable con los demás; compartir y ser parte de la vida de otras personas, no afectará el amor que se tienen como marido y mujer. Cuando se enamoraron por primera vez entre ustedes, dieron, pero en realidad ganaron mucho más al dar. Como pareja, amar y darse a los demás ayudará a que su amor crezca y se fortalezca. Nuestro Dios es fiel y mantiene las promesas que nos ha hecho.

D-3

Romanos 15:1b-3a. 5-7. 13

Hermanos: Nosotros, si realmente somos fuertes, debemos cargar con la debilidad de quienes no tienen esa fuerza y no buscar nuestro propio agrado. Que cada uno busque lo que agrada a su prójimo, ayudándole a crecer en el bien. El mismo Cristo no hizo lo que le agradaba.

Que Dios, fuente de toda paciencia y consuelo, les conceda a ustedes vivir en perfecta armonía unos con otros, conforme al espíritu de Cristo Jesús, para que, con un solo corazón y una sola voz alaben a Dios, Padre de nuestro Señor Jesucristo.

Por lo tanto, acójanse los unos a los otros como Cristo los acogió a ustedes, para gloria de Dios.

Que el Dios de toda esperanza los colme de gozo y paz en el camino de la fe y haga crecer en ustedes la esperanza por el poder del Espíritu Santo.

Palabra de Dios.

Llevar la Palabra de Dios a casa

Pronto comenzarán a llevar las invitaciones de su boda, si es que no lo han hecho ya. Esperan recibir a muchas personas. Probablemente vengan amigos desde otras partes a visitarlos y parientes que no han visto en mucho tiempo o que no los conocen bien. Esperan también que llegue el feliz día. Están de humor para recibir vistas y probablemente continúen así a lo largo de su vida de casados. Con el paso de los años, acogerán a su familia política, amigos, vecinos y a sus propios hijos en su hogar y en su vida. Aprenderán el arte de hacer que su cónyuge se sienta acogido de formas más íntimas: respetando sus miedos, debilidades y fallas; aceptándolo tal como es tanto en las grandes ocasiones como en los pequeños momentos.

Esta lectura de la carta de san Pablo a los romanos, nos recomienda acogernos unos a otros "para la gloria de Dios". Pero ¿qué quiere decir "para la gloria de Dios"? Tal vez la mejor forma de explicarlo sea decir que se refiere a la identidad más profunda y esencial de Dios. Es difícil caracterizar a Dios con atributos humanos, pero es hasta ahí hasta donde podemos llegar. En consecuencia, cuando Pablo dice que al acogernos unos a otros glorificamos a Dios, lo que quiere decir es que al acoger a otros con sinceridad, mostramos en nosotros un poco de la esencia de Dios. Entonces, ¿qué es la esencia de Dios? En el pensamiento teológico católico, el amor que fluye entre las tres personas de la Trinidad, es la esencia de Dios, puesto que Dios es amor. Al acogernos unos a otros, glorificamos y mostramos la esencia de Dios a quienes nos rodean.

Convertirse en una pareja hospitalaria y acogedora nacerá de las experiencias de hospitalidad que hayan vivido hasta ese momento. Aprender a ser amables y a aceptar a otros en su vida de casados será emocionante y desafiante. En las próximas semanas su atención se enfocará en planear la boda y en preparar el hogar donde vivirán como marido y mujer, pero convertirse en una pareja y familia hospitalaria es una aventura que durará toda su vida.

Acogerse como marido y mujer implica estar abierto a aceptar el crecimiento en el otro, que se dará conforme vivan sus vidas juntos. Implica aceptar y aprender a amar sus caprichos y sus hábitos molestos, tanto como las cosas que les gustan. Por supuesto que uno de los mejores y más desafiantes regalos del Matrimonio es acoger a los bebés. No hay reto mayor que convertirse en papá o papá adoptivo. Y conforme los hijos crezcan, deberán crecer también los padres.

En verdad Dios es glorificado y su esencia más profunda se revela en la hospitalidad que se muestran dos esposos y en la que juntos como Matrimonio le muestran a las personas con quienes se relacionan cada día. Mantengan esta idea en su corazón para que conozcan la paz, la alegría y la esperanza eterna: "acójanse unos a otros así como Cristo los acogió".

D-4   Sus miembros son templos del Espíritu Santo

1 Corintios 6:13c-15a y 17-20

Hermanos: El cuerpo no es para fornicar, sino para servir al Señor; y el Señor, para santificar el cuerpo. Dios resucitó al Señor y nos resucitará también a nosotros con su poder.

¿No saben ustedes que sus cuerpos son miembros de Cristo? Y el que se une al Señor, se hace un solo espíritu con él. Huyan, por lo tanto, de la fornicación. Cualquier otro pecado que comenta una persona queda fuera de su cuerpo; pero el que fornica, peca contra su propio cuerpo.

¿O es que no saben ustedes que su cuerpo es templo del Espíritu Santo, que han recibido de Dios y habita en ustedes? No son ustedes sus propios dueños, porque Dios los ha comprado a un precio muy caro. Glorifiquen, pues, a Dios con el cuerpo.

Palabra de Dios.

Llevar la Palabra de Dios a casa

Incluso en esta era digital, es difícil imaginar que uno puede vivir satisfecho con una relación exclusivamente virtual. Es común que muchas personas se conozcan a través de internet, pero siempre quieren conocerse en persona. Dicho más sencillo: hay algo en la presencia física de una persona, que simplemente no puede ser reemplazado.

Las observaciones que Pablo hace con respecto al cuerpo, no son simples críticas a las personas que no le dan la debida importancia a la intimidad del cuerpo. Pablo nos recuerda algo que Dios hizo: nos dio el regalo de la vida a través del regalo del cuerpo. Nuestros cuerpos son "miembros de Cristo", es decir, somos parte del misterio de Dios que se convierte en pan en cada Eucaristía.

Para Pablo, el cuerpo era sagrado. El cuerpo humano de Jesús era el lugar donde Dios se había hecho presente de la forma más inmediata a las personas. Dios se ha hecho presente a través de sus profetas y de la Escritura, con lo que dio leyes y un modo de vida a Israel. Pero en Jesús, Dios hace que la gente vea, en palabras de san Agustín, que el cuerpo humano es "capaz de Dios", es decir, capaz de manifestar la realidad de Dios.

En su carta, las exhortaciones que Pablo hace a los corintios son para ayudarlos a entender cómo los seguidores de Jesús debían cuidar sus cuerpos. Al parecer algunos pensaban que el cuerpo no era importante dado que en la muerte no es necesario el cuerpo. Sin embargo, Pablo señala que si los cuerpos no fueran importantes, Dios no habría resucitado a Jesús en cuerpo y alma.

Siglos después los teólogos que estudiaron los evangelios llegaron a una importante conclusión, que desde entonces ha sido un principio fundamental de la doctrina cristiana. Concluyeron que la Encarnación —el "asumir la carne" que realizó el Espíritu Santo en el vientre de María— implicaba que Jesús era verdadero Dios y verdadero hombre. Esto quiere decir que todo lo humano, incluyendo nuestros cuerpos, es sagrado y por tanto le pertenece a Dios. No es sorprendente que entonces Pablo exhorte a los corintios a "glorificar a Dios en su cuerpo". Lejos de una crítica, esto es una maravillosa realidad.

A pesar de que en ocasiones podría parecer que nuestros cuerpos son tan solo tejidos que reaccionan a los estímulos, tales como el chocolate, el alcohol o el sexo, Pablo sugiere que nuestros cuerpos pueden ayudarnos a convertirnos en santos. Nuestros cuerpos pueden ayudar a consolar a un amigo con un abrazo, a mostrar preocupación con una caricia amable o a ayudar a un recién nacido a sentir que está seguro. Tal vez lo más sorprendente es que Pablo apunta una idea central del matrimonio: que nuestros cuerpos sexuados pueden sanar la soledad del otro y que, en algunas ocasiones, pueden traer nueva vida.

Al estar unidos a Dios, nuestros cuerpos se convierten en un medio para que Cristo toque los corazones de los demás. Recemos, por tanto, para que nuestros deseos: en nuestra mente, en nuestros corazones e incluso en nuestros cuerpos, den gloria a Dios.

D-5 El mayor de los tres es el amor

1 Corintios 12:31–13:8a

Hermanos: Aspiren a los dones de Dios más excelentes. Voy a mostrarles el camino mejor de todos. Aunque yo hablara las lenguas de los hombres y de los ángeles, si no tengo amor, no soy más que una campana que resuena o unos platillos que aturden. Aunque yo tuviera el don de profecía y penetrara todos los misterios, aunque yo poseyera en grado sublime el don de ciencia y mi fe fuera tan grande como para cambiar de sitio las montañas, si no tengo amor, nada soy. Aunque yo repartiera en limosnas todos mis bienes y aunque me dejara quemar vivo, si no tengo amor, de nada me sirve.

El amor es comprensivo, el amor es servicial y no tiene envidia; el amor no es presumido ni se envanece; no es grosero ni egoísta; no se irrita ni guarda rencor; no se alegra con la injusticia, sino que goza con la verdad. El amor disculpa sin límites, confía sin límites, espera sin límites, soporta sin límites.

El amor dura por siempre.

Palabra de Dios.

Llevar la Palabra de Dios a casa

San Pablo escribió este famoso pasaje sobre el amor a la comunidad cristiana de los corintios a mediados del siglo I. Fundada tan solo unos años antes, la Iglesia de los corintios disfrutaba de una pequeña luna de miel antes de encontrarse inmersa en una gran cantidad de problemas que amenazaban con desintegrar su unión. La unión que había entre sus miembros se debilitó tanto que ya no podían compartir entre ellos la fracción del pan. Pablo quería que dejaran de contemplar al amor como un sentimiento pasajero y que recordaran que el verdadero amor es un acto de voluntad. El amor puede comenzar como un intenso deseo de estar el uno con el otro, pero si es un amor que ha de durar, requerirá una serie de comportamientos diarios que sostendrán y harán madurar la relación: como ser paciente y amable, no ser celoso, presumido, ególatra, grosero o egoísta. El amor, como escribe san Pablo, lo espera todo y lo soporta todo. ¡Qué profunda afirmación!

Todos sabemos que existe una atracción casi irresistible entre una pareja que se enamora, que es absolutamente necesaria para nutrir esa relación que inicia: así tan necesaria como es la leche para un bebé. Casi no soportamos estar lejos del otro. Nuestros cuerpos necesitan sentir el abrazo del otro. Nuestras mentes se nublan en presencia del otro. Nuestra alegría surge de forma espontánea, nuestros corazones laten más rápido. La atracción nos une como pareja y nos ayuda a crecer. Es el principio del amor y es una energía increíblemente poderosa.

Pero con el paso del tiempo, la atracción se puede desvanecer. Nuestra cultura, que en muchas ocasiones confunde el amor con la atracción, percibe este cambio como algo peligroso. Si ya no nos sentimos atraídos por el otro con la misma intensidad, entonces algo anda mal o incluso puede ser que nuestro Matrimonio está llegando a su final. Sin embargo, lo que sucede en realidad es que la relación ha madurado a grado tal que no necesita la atracción para mantenerse. Aunque la atracción es algo bueno y deseable en un matrimonio, la realidad es que el amor no es un sentimiento sino un acto de voluntad.

Cuando el amor mutuo madura y la atracción casi irresistible que existía en los primeros días cesa, puede suceder que los esposos sientan que hablarse, tocarse y buscar oportunidades para relacionarse física o espiritualmente no sea tan necesario. Tal vez no busquen comunicarse de la misma forma en que lo hacían al principio. Amarse y encontrarse ocurre de un modo más profundo y sutil.

Piensen en su relación. Seguramente se encuentran en un punto entre el frenesí del primer amor y la madurez de muchos años juntos. Ninguno de ustedes encaja consistentemente en la descripción que hace san Pablo del amor en esta lectura. Pero ustedes son bendecidos porque el Matrimonio es una escuela donde el amor aprende a madurar, si se lo permitimos. Cada día nos da la oportunidad de practicar la virtud y de superar los vicios. Acojamos con confianza las diferentes formas y estaciones del amor, pues como san Pablo nos dice, el amor lo espera todo y lo soporta todo.

D-6

Efesios 4:1-6

Hermanos: Yo, Pablo, prisionero por la causa del Señor, los exhorto a que lleven una vida digna del llamamiento que han recibido. Sean siempre humildes y amables; sean comprensivos y sopórtense mutuamente con amor; esfuércense en mantenerse unidos en el espíritu con el vínculo de la paz.

Porque no hay más que un solo cuerpo y un solo Espíritu, como es también solo una la esperanza del llamamiento que ustedes han recibido. Un solo Señor, una sola fe, un solo bautismo, un solo Dios y Padre de todos, que reina sobre todos, actúa a través de todos y vive en todos.

Palabra de Dios.

D-7 El misterio del matrimonio

Efesios 5:2a y 21-33

Hermanos: Vivan amando, como Cristo, que nos amó y se entregó por nosotros.

Respétense unos a otros, por reverencia a Cristo: que las mujeres respeten a sus maridos, como si se tratara del Señor, porque el marido es cabeza de la mujer, como Cristo es cabeza y salvador de la Iglesia, que es su cuerpo. Por tanto, así como la Iglesia es dócil a Cristo, así también las mujeres sean dóciles a sus maridos en todo.

Maridos, amen a sus esposas como Cristo amó a la Iglesia y se entregó por ella para santificarla, purificándola con el agua y la palabra, pues él quería presentársela a sí mismo toda resplandeciente, sin mancha ni arruga ni cosa semejante, sino santa e inmaculada.

Así los maridos deben amar a sus esposas, como cuerpos suyos que son. El que ama a su esposa se ama a sí mismo, pues nadie jamás ha odiado a su propio cuerpo, sino que le da alimento y calor, como Cristo hace con la Iglesia, porque somos miembros de su cuerpo.

Por eso abandonará el hombre a su padre y a su madre, y se unirá a su mujer y serán los dos una sola carne. Este es un gran misterio, y yo lo refiero a Cristo y a la Iglesia.

En una palabra, que cada uno de ustedes ame a su mujer como a sí mismo y que la mujer respete a su marido.

Palabra de Dios.

O bien, forma breve:

Efesios 5:2a. 25-32

Hermanos y hermanas: Vivan amando, como Cristo, que nos amó y se entregó por nosotros.

Maridos, amen a sus esposas como Cristo amó a la Iglesia y se entregó por ella para santificarla, purificándola con el agua y la palabra, pues él quería presentársela a sí mismo toda resplandeciente, sin mancha ni arruga ni cosa semejante, sino santa e inmaculada.

Así los maridos deben amar a sus esposas, como cuerpos suyos que son. El que ama a su esposa se ama a sí mismo, pues nadie jamás ha odiado a su propio cuerpo, sino que le da alimento y calor, como Cristo hace con la Iglesia, porque somos miembros de su cuerpo.

Por eso abandonará el hombre a su padre y a su madre, y se unirá a su mujer y serán los dos una sola carne. Este es un gran misterio, y yo lo refiero a Cristo y a la Iglesia

Palabra de Dios.

Llevar la Palabra de Dios a casa

Esta lectura suele provocar extrañeza, codazos y ceños fruncidos cuando las personas la escuchan en la iglesia. Escuchar que una esposa se debe someter a su esposo porque él es su "cabeza" no encaja con nuestras ideologías del siglo XXI ni con nuestra mentalidad sobre lo que es un Matrimonio sano. Pero al igual que con todos los textos bíblicos, necesitamos entender que esta carta fue escrita para un grupo de cristianos que pertenecieron a un tiempo y cultura diferente de la nuestra. Este pasaje señala en realidad un código de conducta que los hogares en las primeras comunidades cristianas debían seguir: los esposos y las esposas tenían que estar "sometidos el uno al otro como señal de amor y reverencia a Cristo". En otras palabras, el Matrimonio se basaba en la entrega y el servicio mutuo de modo tal que pudieran mostrar al mundo quién era Cristo.

Este orden social tan profundamente arraigado ciertamente dejaba a los esposos un rol de autoridad al cual sus esposas no tenían acceso y san Pablo no trata de cambiar esa situación. Sin embargo esto no quiere decir que la Biblia nos invite a seguir ese patrón cultural hoy en día. En realidad Pablo intenta decir a sus lectores que sus hogares deben distinguirse por un nuevo código de conducta, por una forma nueva de vivir como parejas casadas: los exhorta a tratarse con respeto y amor. Estas ideas les hubieran parecido a los primeros cristianos tan raras como el texto que hemos leído nos parece hoy a nosotros. Esta era una enseñanza radical en aquel entonces. En efecto, se trataba de una nueva forma en la que los hombres fungían como cabezas de sus hogares, pero también era una nueva forma en que la mujer existía en su hogar: como corresponsable del bienestar del Matrimonio y del hogar. El ser llamados a una nueva realidad, a vivir un Matrimonio claramente cristiano, era una nueva realidad tanto para los esposos como para las esposas.

Así es que, ¿cómo se aprecia en un Matrimonio esa mutua corresponsabilidad? y ¿cómo se convierte ese tipo de unión en un símbolo o sacramento del amor de Dios en el mundo? Una forma de entender esto es viéndolo a través del lente de un pequeño ritual que vemos cada vez que asistimos a Misa. Mientras el sacerdote prepara el pan y el vino para la Consagración, derrama un poco de agua dentro del cáliz y reza en silencio: "por el misterio de esta agua y vino, que podamos compartir la divinidad de Cristo quien se humilló a sí mismo para compartir nuestra humanidad". Las gotas de agua se desvanecen en el vino. Ambas se mezclan y se convierten en un solo líquido. Esta unión sagrada simboliza la misteriosa unión de lo humano y lo divino en Jesucristo. En esta simple acción, vislumbramos a Cristo como un tipo de Matrimonio entre Dios y nosotros, entre lo espiritual y lo material, entre este mundo y la eternidad. Al unir su vidas en Cristo, su relación y su Matrimonio se convierte también en un símbolo de unión entre el Cielo y la Tierra y el gran amor de Dios por su Creación.

D-8

Filipenses 4:4-9

Hermanos: Alégrense siempre en el Señor; se lo repito: ¡alégrense! Que la benevolencia de ustedes sea conocida por todos. El Señor está cerca. No se inquieten por nada; más bien presenten en toda ocasión sus peticiones a Dios en la oración y la súplica, llenos de gratitud. Y que la paz de Dios. Que sobrepasa toda inteligencia, custodie sus corazones y sus pensamientos en Cristo Jesús.

Por los demás, hermanos y hermanas, aprecien todo lo que es verdadero y noble, cuanto hay de justo y puro, todo los que es amable y honroso, todo lo que sea virtud y merezca elogio. Pongan por obra cuanto han aprendido y recibido de mí, todo lo que yo he dicho y me han visto hacer; y el Dios de la paz estará con ustedes.

Palabra de Dios.

D-9   Vivan en amor y agradecimiento

Colosenses 3:12-17

Hermanos: Puesto que Dios los ha elegido a ustedes, los ha consagrado a él y les ha dado su amor, sean compasivos, magnánimos, humildes, afables y pacientes. Sopórtense mutuamente y perdónense cuando tengan quejas contra otro, como el Señor los ha perdonado a ustedes. Y sobre todas estas virtudes, tengan amor, que es el vínculo de la perfecta unión.

Que en sus corazones reine la paz de Cristo, esa paz a la que han sido llamados como miembros de un solo cuerpo. Finalmente, sean agradecidos.

Que la palabra de Cristo habite en ustedes con toda su riqueza. Enséñense y aconséjense unos a otros lo mejor que sepan. Con el corazón lleno de gratitud, alaben a Dios con salmos, himnos y cánticos espirituales, y todo lo que digan y todo lo que hagan, háganlo en nombre del Señor Jesús, dándole gracias a Dios Padre, por medio de Cristo.

Palabra de Dios.

Llevar la Palabra de Dios a casa

Buscamos tener paz en nuestros corazones, pero en ocasiones la paz se nos niega. Constantemente tratamos de establecerla, sostenerla o restaurarla en nuestro interior, en nuestras relaciones y en todo el mundo. Conociendo nuestros deseos, Jesús nos ofrece la paz como su regalo final. En la noche en la que fue entregado, dijo a sus discípulos: "Les dejo la paz, les doy mi paz" (Jn 14:27)

En estas dos lecturas de la Escritura, san Pablo escribe a comunidades que no se encuentran precisamente en paz. Poco después de la ascensión de Jesús al Cielo, su regalo comenzaba a estar fuera del alcance de sus seguidores. Externamente son perseguidos, internamente hay diferencias con respecto a ciertas creencias y prácticas. Así es que Pablo les sugiere restaurar y mantener la paz en sus relaciones. Simplemente les dice: "pongan en práctica todo lo que han aprendido, recibido y oído de mí, todo lo que me han visto hacer, y el Dios de la paz estará con ustedes".

Los consejos de Pablo resultan tan relevantes para los matrimonios de hoy como lo fueron para las primeras comunidades cristianas. Dado que el conflicto es parte de cada matrimonio, hacer las paces es una necesidad. Los consejeros matrimoniales dicen que la mayoría de las parejas pelean a causa de los mismos temas: el dinero, los niños, las relaciones familiares y el equilibrio entre el trabajo y el hogar. ¿Por qué estos conflictos ocasionan que unas parejas terminen y otras no? La diferencia entre el éxito y el fracaso no radica en de los problemas, sino en cómo se manejan esos problemas inevitables.

En su curso de preparación para el matrimonio, seguramente han recibido consejos sobre cómo solucionar problemas y desarrollar competencias conversacionales, que les ayudarán a enfrentar los problemas y las tensiones que surgen en la vida matrimonial. Es importante aprender a "luchar con prudencia", sabiendo distinguir los problemas que se pueden resolver de los que solo se pueden manejar. Esas son algunas habilidades que pueden aprender para que en su Matrimonio "la paz de Cristo reine en sus corazones". Esas habilidades también pueden ser los cimientos de un Matrimonio construido sobre virtudes como: compasión, amabilidad, gentileza, paciencia y perdón.

Una virtud es una forma habitual de actuar. Es una disposición hacia lo bueno. Es una elección que hacemos al estar abiertos al amor de Dios y a convertirnos en sus instrumentos en nuestras acciones diarias. Cada vez que adquirimos y practicamos las virtudes, avanzamos en nuestro camino hacia la santidad. Cada virtud es una expresión específica de amor, que es la suma de todas las virtudes. Por tanto, al comenzar su camino de vida matrimonial, decidan construir su relación sobre estas virtudes cristianas. Así experimentarán "la paz para la que fueron llamados", especialmente en los momentos difíciles.

D-10

Hebreos 13:1-4ª. 5-6b

Hermanos: Conserven entre ustedes el amor fraterno y no se olviden de practicar la hospitalidad, ya que por ella, algunos han hospedado ángeles sin saberlo. Acuérdense de los que están presos, como si ustedes mismos estuvieran también con ellos en la cárcel. Piensen en los que son maltratados, pues también ustedes tienen un cuerpo que puede sufrir.

Que todos tengan gran respeto al Matrimonio y lleven una vida conyugal irreprochable.

Que no haya entre ustedes avidez de riquezas, sino que cada quien se contente con lo que tiene. Dios ha dicho: Nunca te dejaré ni te abandonaré; por lo tanto, nosotros podemos decir con plena confianza: El Señor cuida de mí, ¿por qué le he de tener miedo a los hombres?

Palabra de Dios.

Llevar la Palabra de Dios a casa

Cuando hablamos de hospitalidad, muchos imaginamos habitaciones perfectamente bien diseñadas como las que se muestran en algunas revistas de diseño de interiores o las que ofrece Martha Stewart y su empresa de "cosas buenas". O tal vez se piensa en el portero que da la bienvenida en los centros comerciales. Pero ¿qué quiere decir la carta a los Hebreos cuando nos aconseja no dejar de practicar la hospitalidad?

La hospitalidad bíblica consistía esencialmente en ayudar a los demás, sobre todo a los forasteros, procurándoles lo que necesitaban para continuar con su viaje. En esos tiempos, por lo general, viajar era algo riesgoso y los caminantes dependían de la amabilidad de otras personas para conseguir agua, comida, refugio y un lugar donde descansar antes de continuar con su viaje. En algunas culturas, las personas eran obligadas a invitar a los viajeros a sus hogares para ofrecerles algún refrigerio. En este contexto el anfitrión se enteraba del propósito y destino del viajero, y le daba algo que le pudiera servir a lo largo de su viaje. A cambio de esto, el viajero prometía no dañar el hogar de su anfitrión. Esto no solo brindaba seguridad a los viajeros, sino que daba seguridad a toda la comunidad.

La historia del libro del Génesis sobre Abraham y Sara, quienes recibieron a tres viajeros en su hogar y compartieron con ellos sus mejores alimentos, es un buen ejemplo de este sistema de hospitalidad. Estos tres viajeros resultaron ser ángeles y no fue este matrimonio, sino los ángeles, quienes dieron el regalo. Eran portadores de una buena noticia para esta pareja de edad mayor: Abraham y Sara tendrían un hijo. Su hijo continuaría su linaje y con el paso del tiempo, conduciría a una nueva pareja: María y José, y su hijo Jesús. Estos ángeles disfrazados como viajeros ayudaron a Abraham y a Sarah a ser lo que debían ser: patriarca y matriarca de la estirpe de David, de la cual nació Jesús.

Ofrecer hospitalidad es entonces dar bendiciones a los demás, para ayudarlos a convertirse en quienes deben ser. Este tipo de hospitalidad da continuidad a lo que Dios hizo por los hombres cuando creó los cielos y la tierra. Dios no creó para nosotros tan solo un lugar donde pudiéramos sobrevivir; creó un lugar donde podríamos prosperar y convertirnos en las personas que Él quiere que seamos.

La hospitalidad que permite a la gente prosperar, sentirse cómoda y como en casa, le ayuda también a descubrir el destino de su viaje y les permite sentirse apoyados a lo largo de su jornada. En palabras simples: la hospitalidad es crear un espacio sagrado para el otro. Cuando esto se convierte en nuestra meta, todas las preocupaciones del hogar —dinero, pertenencias, hijos— toman el lugar que les corresponde.

A medida que construyen su hogar, busquen formas en que puedan crear un espacio sagrado para el otro y para quienes llegarán con el tiempo. Que su hogar —y cada lugar en el que convivan— sea un lugar de bendiciones donde amigos y extraños por igual se conviertan en las mejores personas que pueden llegar a ser.

D-11   Paz y armonía en la familia

1 Pedro 3:1-9

Ustedes, mujeres, sean respetuosas con sus maridos, para que, incluso si algunos de ellos se resisten a creer en la palabra de salvación, sean ganados no por palabras, sino por la conducta intachable y recatada de ustedes.

No se preocupen tanto del adorno exterior: los peinados, las joyas y los vestidos, sino de adornar interiormente el corazón con la belleza inalterable de un espíritu apacible y sereno. Esto es lo que vale a los ojos de Dios.

Así se engalanaban en otro tiempo las santas mujeres, que tenían puesta su esperanza en Dios y eran dóciles con sus maridos, como Sara, que obedecía a Abrahán y lo llamaba su señor. Pues, si ustedes hacen el bien y no se dejan intimidar por nada, serán dignas hijas de ella.

En cuanto a ustedes, maridos, vivan la vida matrimonial en un clima de comprensión y respeto, teniendo en cuenta que la mujer es una persona más delicada y que, junto con ella, ustedes participan de la vida de la gracia. Así, tendrán asegurado el fruto de sus oraciones.

Finalmente, vivan todos en armonía, sean compasivos, ámense como hermanos, sean bondadosos y humildes. No devuelvan mal por mal ni insulto por insulto; al contrario, pídanle a Dios cosas buenas para todos, pues han sido llamados por él a poseer como herencia los bienes del cielo.

Palabra de Dios.

Llevar la Palabra de Dios a casa

La intención original del autor de esta lectura se puede confundir fácilmente con elucubraciones y debates sobre los roles de cada género. Algunos interpretan la primera carta del apóstol san Pedro y otros textos similares del Nuevo Testamento como limitantes del rol de hombres y mujeres, como algo establecido y querido por Dios. Estos textos han llegado a ser usados para justificar la violencia, especialmente contra las mujeres que se rehúsan a "someterse". Desde luego que este texto contiene significados mucho más profundos para las parejas, de lo contrario la Iglesia no les sugeriría que lo usaran en su boda.

Esta lectura ofrece un vistazo interesante al interior de las comunidades cristianas que intentaban descifrar su relación con el mundo a finales del siglo I. Este pasaje sugiere que muchas de las mujeres cristianas que vivieron en los primeros tiempos, no se casaron con cristianos. Esto era a lo que san Pedro se refería en sus primeras líneas al mencionar a los esposos que "se oponen a la Palabra". Estas mujeres tenían poca influencia en la estructura patriarcal de la antigua sociedad romana, pero lejos de creer que eran irrelevantes, el autor de esta carta las reta a que por medio de la virtud y el servicio logren "conquistar" a sus esposos para la fe católica. De forma similar en la que el evangelio de Mateo nos enseña las máximas en cuanto a "llevar la carga el doble del camino" o a "poner la otra mejilla", este autor sugiere a las mujeres predicar el Evangelio cediendo un poco ante sus maridos. Precisamente viviendo en armonía con ellos y viviendo la amabilidad, el respeto y relaciones pacíficas, estas mujeres podían enseñar a sus esposos el camino que los conduciría a Cristo. Este pasaje no es una invitación a preservar o reinstaurar el orden social patriarcal con que se vivía en la antigüedad, más bien nos dice que la mejor forma de invitar a otros a seguir a Cristo es viviendo vidas cristianas.

Seguramente habrá muchas ocasiones en su Matrimonio en que se sentirán entre la espada y la pared. Estas ocasiones llegarán a causa de un cambio inesperado en el trabajo, un embarazo anticipado, un diagnóstico grave, un desastre natural o un patrón de conducta que a uno de los dos le parezca problemático pero al otro no. Las palabras de san Pedro en esta lectura nos recuerdan que incluso en circunstancias en las que parece no haber escapatoria, podemos elegir cómo enfrentar nuestra dificultad. Podemos elegir vivir nuestros tiempos difíciles con gracia, paciencia y disposición para resolver el problema o con enojo, autocompasión y pasividad. Nadie puede quitarnos esta libertad de elección y nuestro llamado cristiano nos exige decidir con libertad.

¿Cómo responden ante la adversidad como individuos y cómo matrimonio? ¿Se sienten impotentes o buscan soluciones creativas para mejorar su situación? ¿Tienen como san Pedro lo sugiere "un mismo sentir, comparten las preocupaciones de los demás con amor fraterno, son compasivos y humildes" y pueden responder al insulto con una bendición? En otras palabras, ¿su conducta hacia el otro y hacia los demás, especialmente en los momentos difíciles, es reflejo de vida cristiana y de Cristo Jesús?

D-12   Amor real y activo

1 Juan 3:18-24

Hijos míos: No amemos solamente de palabra; amemos de verdad y con las obras. En esto conoceremos que somos de la verdad y delante de Dios tranquilizaremos nuestra conciencia de cualquier cosa que ella nos reproche, porque Dios es más grande que nuestra conciencia y todo lo conoce. Si nuestra conciencia no nos remuerde, entonces, hermanos míos, nuestra confianza en Dios es total.

Puesto que cumplimos los mandamientos de Dios y hacemos lo que le agrada, ciertamente obtendremos de él todo lo que le pidamos. Ahora bien, este es su mandamiento: que creamos en la persona de Jesucristo, su Hijo, y nos amemos los unos a los otros, conforme al precepto que nos dio.

Quien cumple sus mandamientos permanece en Dios y Dios en él. En esto conocemos, por el Espíritu que él nos ha dado, que él permanece en nosotros.

Palabra de Dios.

D-13   Dios es amor

1 Juan 4:7-12

Queridos hijos: Amémonos los unos a los otros, porque el amor viene de Dios y todo el que ama ha nacido de Dios y conoce a Dios. El que no ama, no conoce a Dios, porque Dios es amor. El amor que Dios nos tiene, se ha manifestado en que envió al mundo a su Hijo unigénito para que vivamos por él.

El amor consiste en esto: no en que nosotros hayamos amado a Dios, sino en que él nos amó primero y nos envió a su Hijo, como víctima de expiación por nuestros pecados.

Si Dios nos ha amado tanto, también nosotros debemos amarnos los unos a los otros. A Dios nadie lo ha visto nunca; pero si nos amamos los unos a los otros, Dios permanece en nosotros y su amor en nosotros es perfecto.

Palabra de Dios.

Llevar la Palabra de Dios a casa

Pronto se encontrarán ante sus familias, amigos, representantes de la Iglesia, para mirarse a los ojos, tomarse de las manos y prometer que compartirán sus vidas para siempre. Este es un compromiso permanente que han de amar y honrar en las buenas y en las malas, en lo próspero y en lo adverso, en la salud y en la enfermedad, para bien o para mal. Son palabras serias y votos solemnes: tal vez demasiado serios y solemnes para algunos en este mundo moderno.

La demografía nos muestra que cada vez son menos las personas que contraen Matrimonio en países desarrollado y, en el caso de los que así lo hacen, casi la mitad se divorcia. Muchos se preguntan: ¿por qué hay que casarse? ¿No es más fácil simplemente vivir juntos? ¿Para qué te comprometes a algo más serio que a un mutuo acuerdo de vivir juntos mientras sea conveniente para ambos? Estas preguntas tienen cierta lógica. Después de todo, ¿por qué deben permanecer, juntas y pelear infinidad de batallas diarias destruyéndose mutuamente, las parejas que ya no son compatibles? Sin embargo estas preguntas también tienen una gran debilidad.

Una gran parte de la alegría de este compromiso y de un Matrimonio es la sensación de seguridad que conlleva; el sentimiento de ser amado, deseado y necesitado; darse cuenta de que alguien a diario se preocupa por ti. El verdadero carácter de una persona solo se puede desarrollar en la atención y el esfuerzo que exige un compromiso permanente. El amor y las responsabilidades demandadas por una promesa tan duradera proporcionan una oportunidad en la que el amor y lo profundo de una relación entre marido y mujer se puede materializar. La auténtica intimidad, la profundidad del carácter y el verdadero amor, solo se pueden desarrollar en las parejas con el curso de los años, soportando juntos las tormentas de la vida y disfrutando con alegría los buenos momentos.

¡Esto les puede parece tonto, impráctico e irreal a ustedes par de enamorados! Su Matrimonio jamás fracasará, su amor jamás se desgastará y su compromiso jamás fallará. En estos días felices, pero a veces ciegos, es natural que todo lo piensen en términos de "para siempre". Sin embargo la alarmante tasa de divorcios, las ideas sobre compromisos temporales, la falta de apoyo en nuestra cultura para proteger el matrimonio, debe llevarlos a ver su Matrimonio con los ojos bien abiertos. Un Matrimonio que dure para toda la vida demanda trabajo duro, fidelidad, buen humor y amabilidad. Permanecer juntos para toda la vida requiere que se aferren a la gracia, paz y al gran amor de Dios.

D-14   Las bodas del Cordero

Apocalipsis 19:1. 5-9a

Yo, Juan, oí algo parecido a la voz potente de una gran muchedumbre, que decía en el cielo: "¡Aleluya! Nuestro Dios es un Dios salvador, lleno de gloria y de poder".

Y del trono de Dios salió una voz que decía:
"Alaben a nuestro Dios, todos sus siervos, los que lo temen, pequeños y grandes".

Oí entonces algo como el rumor de una muchedumbre inmensa, como el estruendo de un río caudaloso y el retumbar imponente de los truenos. Decían: "¡Aleluya! El Señor, Dios nuestro, todopoderoso, ha establecido su reinado. Llenémonos de gozo y alegría y alabemos la grandeza del Señor, porque ha llegado el tiempo de las bodas del Cordero, y su esposa ya está preparada. Dios le ha concedido vestirse de lino finísimo y deslumbrante". El lino representa las obras buenas de los santos.

Entonces un ángel me dijo: "Escribe: 'Dichosos los invitados al banquete de bodas del Cordero' ".

Palabra de Dios.

Llevar la Palabra de Dios a casa

El libro del Apocalipsis describe la caída de Babilonia como un triunfo de la justicia de Dios sobre la opresión y la avaricia. La palabra "Aleluya" aparece en el Nuevo Testamento solo en el capítulo 19 del libro del Apocalipsis, celebrando la liberación y la justicia de Dios. La redención y la sanación habían llegado al pueblo de Dios. Cuando el autor del Apocalipsis intenta describir el reino de Dios, usa el ejemplo de un banquete de bodas. Al igual que el autor de la carta a los Efesios (5:23-32), este autor percibe al Matrimonio como una revelación del amor de Dios hacia los hombres.

El Apocalipsis es un libro de profecías, pero también ofrecía palabras de aliento a los primeros cristianos. Su autor dice que "las buenas acciones de los santos" conforman el vestido de la esposa de Cristo. La bondad de los cristianos permite que la Iglesia se encuentre lista para convertirse en la esposa de Cristo. El reino de Dios comienza con la unión del Cordero y de la comunidad católica.

Así, con la unión de cada esposo y esposa, el reino de Dios también se acerca. La justicia, la liberación, la redención y la sanación se hacen visibles en la unión de un hombre y una mujer en el matrimonio. En la boda, los invitados se reúnen para cantar el "Aleluya", para compartir la bondad del matrimonio. La Iglesia nos enseña que toda la asamblea en su conjunto alaba y da gracias a Dios durante cualquier ceremonia litúrgica. Esto atañe particularmente a las bodas, donde dos familias se unen y los amigos que han hecho en diferentes lugares y momentos acuden para estar presentes en su matrimonio.

Hay muchas formas en que las parejas pueden enfatizar la importancia del papel que la asamblea desempeñará en su ceremonia nupcial: los amigos y familiares pueden sentarse juntos sin preocuparse si son invitados del novio o de la novia; puede haber algún encargado de dar la bienvenida a los invitados a la iglesia y de dar un programa o manual con el orden de la ceremonia, las lecturas y los cantos, invitando a todos a participar en la ceremonia; también pueden invitar a algunos amigos o familiares a hacer algunas de las lecturas y a ser ministros de la Eucaristía.

Existe cierta presión cultural para hacer del día de la boda un día perfecto en el que todo sale bien. Eso es totalmente aceptable, pero también es bueno reflexionar sobre cómo podrán celebrar su Matrimonio tomándolo como el inicio de una nueva comunidad de discípulos dedicados a hacer todo lo que esté en sus manos por acercar un poco más el reino de Dios a los hombres. Por ejemplo, muchas parejas preocupadas por temas de justicia social, deciden hacer los gastos mínimos en sus vestidos, la decoración y la fiesta para después, durante la celebración litúrgica, organizar una colecta para los pobres. Como la boda en esta lectura del libro del Apocalipsis, su boda puede ser una celebración de amor dentro de una comunidad que se regocija en el triunfo de Dios y que desea construir un mundo mejor.

Versículos del Aleluya y versículos antes del Evangelio

E-1

(1 Juan 4:7b)

Todo el que ama ha nacido de Dios
y conoce a Dios.

E-2

(1 Juan 4:8b y 11)

Dios es amor.
Si Dios nos ha amado tanto,
también nosotros debemos amarnos los unos a los otros.

E-3

(1 Juan 4:12)

Si nos amamos los unos a los otros,
Dios permanece en nosotros,
y su amor ha llegado en nosotros a su plenitud.

E-4

(1 Juan 4:16)

Quien permanece en el amor,
permanece en Dios, y Dios en él, dice el Señor.

Liturgia de la Palabra
Lecturas y comentarios del Evangelio

F-1   Las bienaventuranzas

Mateo 5:1-12a

En aquel tiempo, cuando Jesús vio a la muchedumbre, subió al monte y se sentó. Entonces se le acercaron sus discípulos. Enseguida comenzó a enseñarles, hablándoles así:

"Dichosos los pobres de espíritu,
porque de ellos es el Reino de los cielos.
Dichosos los que lloran,
porque serán consolados.
Dichosos los sufridos,
porque heredarán la tierra.
Dichosos los que tienen hambre y sed de justicia,
porque serán saciados.
Dichosos los misericordiosos,
porque obtendrán misericordia.
Dichosos los limpios de corazón,
porque verán a Dios.
Dichosos los que trabajan por la paz,
porque se les llamará hijos de Dios.
Dichosos los perseguidos por causa de la justicia,
porque de ellos es el Reino de los cielos".

Dichosos serán ustedes cuando los injurien, los persigan y digan cosas falsas de ustedes por causa mía. Alégrense y salten de contento, porque su premio será grande en los cielos".

Palabra del Señor.

Llevar la Palabra de Dios a casa

Algunos de ustedes conocerán está lectura como las Bienaventuranzas, la primera parte del famoso Sermón de la Montaña, del evangelio según san Mateo. En este pasaje, Jesús describe a sus seguidores cómo serán sus vidas si deciden seguirlo. Jesús los reta a ellos como a nosotros a aceptar un modo de vivir más profundo que los Diez Mandamientos y la Ley. Jesús dice que este es un modo de vivir que nos hará "felices". En esta lectura, Jesús propone un nuevo modo de vivir y de pensar a sus seguidores, y nos ayuda a ver que quienes somos y el rol que desempeñamos en la vida, es lo que nos hace felices (no lo que tenemos ni lo que hacemos, sino la forma en la que vivimos).

¿Qué es lo que los hace felices, verdaderamente felices? ¿Su futuro esposo o esposa los hace felices? ¿Su trabajo, sus pertenencias, sus pasatiempos, los hacen felices? ¿Son felices por naturaleza o porque crecieron en un hogar feliz? Un católico maduro sabe que las Bienaventuranzas nos alientan a llevar un estilo de vida difícil de apreciar. Sin embargo, vale la pena buscar la felicidad que conlleva este estilo de vida, aunque parezca que en el fondo nos estamos aniquilando a nosotros mismos. Esta lectura nos recuerda que ser compasivos, buscar la justicia, promover la paz, compartir el dolor de otros y ser fieles, nos trae la paz y, eventualmente, nuestra recompensa en el Cielo. Las Bienaventuranzas son exigentes. Se oponen radicalmente a las ideas sobre cómo debemos de vivir y sin embargo debemos adoptarlas en nuestras vidas.

Muchas parejas maduras, felizmente casadas, les dirán que no pueden cambiar a su pareja con el matrimonio, aunque se lo propongan. Ambos cambiarán, la vida los cambiará a medida que les presente un sinfín de experiencias positivas y negativas. También cambiarán por amor al otro a medida que aprenden a vivir casados, pero no pueden controlar ni forzar lo que cambiará. La Iglesia los invita a enfrentar los cambios juntos como matrimonio: amándose, apoyándose y motivándose el uno al otro en las buenas y en las malas. Las Bienaventuranzas les proponen un maravilloso modo de vivir dentro de su matrimonio. Permitan que este modo de vivir defina cómo deben de tratarse y cómo deben de vivir en su comunidad y en el mundo. Vivan las Bienaventuranzas y conocerán la felicidad. Seguramente Dios los bendecirá.

F-2 Sal de la tierra y luz del mundo

Mateo 5:13-16

En aquel tiempo, Jesús dijo a sus discípulos: "Ustedes son la sal de la tierra.
Si la sal se vuelve insípida, ¿con qué se le devolverá el sabor? Ya no sirve para
nada y se tira a la calle para qué la pise la gente.

Ustedes son la luz del mundo. No se puede ocultar una ciudad construida en lo
alto de un monte; y cuando se enciende una vela, no se esconde debajo de una
olla, sino que se pone sobre un candelero, para que alumbre a todos los de la
casa.

Que de igual manera brille la luz de ustedes ante los hombres, para que viendo
las obras buenas que ustedes hacen, den gloria a su Padre, que está en los
cielos".

Palabra del Señor.

Llevar la Palabra de Dios a casa

En este pasaje del evangelio de Mateo, Jesús exhorta a sus discípulos a ser la sal de la tierra y la luz del mundo, ¿pero a qué se refiere? ¿Cómo debemos los católicos iluminar el mundo y llenarlo de sabor? Dado que esta lectura se encuentra entre las Bienaventuranzas (ver la lectura anterior) y los mandamientos de la Ley —incluyendo los mandatos sobre amar a nuestros enemigos, dar limosna, no hacer de la riqueza el centro de nuestras vidas— san Mateo nos dice que los seguidores de Cristo deben ser modelos para los demás.

El Evangelio exhorta a los católicos a vivir en una forma que los distinga de los demás. Si los matrimonios viven esto, se convierten en un sacramento o símbolo del amor de Dios por el otro, por sus hijos y por todos quienes los rodean. Experimentan y permiten que otros experimenten el amor de Dios dentro y a lo largo de su matrimonio.

La visión católica del Matrimonio es radical en su insistencia en que, para que sea un sacramento, la pareja debe ser y vivir tanto para ellos como para los demás. El concepto de vivir para los demás es fundamental, pero para ser de los demás, la pareja debe ser primeramente para el otro. Decimos que el Matrimonio es un sacramento de la amistad humana e insistimos en que, a través de las relaciones más íntimas, podemos experimentar un poco del amor divino. En *Familiaris Consortio* (un documento que explica el rol de las familias católicas en el mundo moderno), su santidad el Papa Juan Pablo II invita a los esposos a aceptar el "regalo del sacramento del matrimonio" al darse a la "tarea" de amarse mutuamente. En contraste con aquellos que abordan la familia desde una visión simplista, el Papa describe al hogar como el lugar donde podemos satisfacer nuestras necesidades más profundas de amar y ser amados. Juan Pablo II hace un llamado al compromiso de "formar una comunidad de personas". Invita a los esposos no solo a permanecer casados, sino a crecer en su amor.

El Matrimonio católico consiste, por tanto, en mucho más que en pertenecerse el uno al otro; esto es lo que da a nuestra concepción del Matrimonio una profundidad particular en comparación con otras concepciones. Para Juan Pablo II el "darse" mutuamente de los esposos, es la base de la familia, pero no es su único fin. Este amor debe derramarse en la medida en que las parejas educan a sus hijos, viven con sencillez, acogen a otros en su hogar y luchan por transformar al mundo que los rodea a través de obras de caridad y de justicia.

Esta es una visión de una familia que vive para ella y para los demás: de una pareja que se ama y se compromete con el otro, con sus hijos y con el bien común. Obrando desde el interior de sus casas, pero actuando también en el exterior, pueden ser solidarios con los demás y vivir el Matrimonio como la aventura que Dios quiere que sea. Desde su muy particular modo de vivir, pueden ser sal de la tierra y luz del mundo.

F-3   Una casa construida sobre roca

Mateo 7:21. 24-29

En aquel tiempo, Jesús dijo a sus discípulos: "No todo el que me diga: '¡Señor, Señor!', entrará en el Reino de los cielos, sino el que cumple la voluntad de mi padre, que está en los cielos.

El que escucha estas palabras mías y las pone en práctica, se parece a un hombre prudente, que edificó su casa sobre roca. Vino la lluvia, bajaron las crecientes, se desataron los vientos y dieron contra aquella casa; pero no se cayó, porque estaba construida sobre roca.

El que escucha estas palabras mías y no las pone en práctica, se parece a un hombre imprudente, que edificó su casa sobre arena. Vino la lluvia, bajaron las crecientes, se desataron los vientos, dieron contra aquella casa y la arrasaron completamente".

Cuando Jesús terminó de hablar, la gente quedó asombrada de su doctrina, porque les enseñaba como quien tiene autoridad y no como los escribas.

Palabra del Señor.

O bien, forma breve:

Mateo 7:21. 24-25

En aquel tiempo, Jesús dijo a sus discípulos: "No todo el que me diga: '¡Señor, Señor!', entrará en el Reino de los cielos, sino el que cumple la voluntad de mi Padre, que está en los cielos.

El que escucha estas palabras mías y las pone en práctica, se parece a un hombre prudente, que edificó su casa sobre roca. Vino la lluvia, bajaron las crecientes, se desataron los vientos y dieron contra aquella casa; pero no se cayó, porque estaba construida sobre roca".

Palabra del Señor.

Llevar la Palabra de Dios a casa

¿Han manejado a través de una tormenta? Es algo que provoca miedo e inseguridad. Que contraste tiene con un bonito día de primavera, lleno de flores, y el amor de tu vida que te decía lo mucho que te amaba y el gran tesoro que eras en su vida. Todos hemos visto fotos de desastres naturales: terremotos, inundaciones, incendios y el horror de los hogares destruidos. Estas imágenes contrastan fuertemente con la idea del hogar propio y seguro en el que quisieras que tomara forma tu familia. Estas imágenes de las fuerzas destructivas de la naturaleza nos recuerdan lo preciosa que es la vida y el tiempo tan breve que tenemos para vivirla juntos, pero también nos recuerdan lo importante que es construir sobre cimientos firmes. En este pasaje del evangelio de san Mateo, Jesús usa la metáfora de construir una casa para enseñar lo que es construir una vida espiritual fuerte. Jesús es claro en cuanto a que la forma en que "se construye una casa" será lo que la haga fuerte y lo que nos ayudará a soportar las tormentas de la vida.

El compromiso que ustedes asumen trae un tiempo de gran alegría. Hay muchas tareas que deben hacer a medida que se preparan para el gran día. Así tan hermoso y tan perfecto como será el día de su boda, deben ser los cimientos sobre los que construirán su vida matrimonial.

Al igual que muchas parejas comprometidas, ustedes dos seguramente habrán atravesado por varias tormentas. Estas pueden ser tormentas entre ustedes o tormentas en las que han caído debido a sus familiares y amigos. Tal vez esperaron a que su prometido terminara el servicio militar o a que se recuperara de una enfermedad grave o tal vez ayudaron a su prometido a recuperarse de una triste pérdida como la muerte de un familiar o la pérdida de un buen trabajo. Seguramente han pasado por las tormentas de las diferencias, sentimientos heridos y malos entendidos, grandes y pequeños. A estas alturas ya saben cómo han sido y serán puestos a prueba los cimientos de su relación.

La voluntad de Dios en su Matrimonio es que lo construyan sobre cimientos fuertes. Aprendan a manejar los conflictos de forma saludable: escúchense mutuamente, hablen sobre sus problemas, muéstrense cariño, ríanse juntos y no dejen que las cosas sin importancia se hagan grandes. Aprendan a apoyarse en las buenas y en las malas y a retarse a continuar creciendo en mente, alma y cuerpo. Aprendan a ser pacientes y compasivos con su pareja incluso cuando les sea difícil. Construyan su Matrimonio sobre roca: sobre los cimientos firmes del amor, la fidelidad, la compañía y el compromiso verdadero.

F-4   Lo que Dios ha unido, el hombre no debe separarlo
Mateo 19:3-6

En aquel tiempo, se acercaron a Jesús unos fariseos y le preguntaron, para ponerle una trampa: "¿Le está permitido al hombre divorciarse de su esposa por cualquier motivo?".

Jesús les respondió: "¿No han leído que el Creador, desde un principio los hizo hombre y mujer, y dijo: 'Por eso el hombre dejará a su padre y a su madre, para unirse a su mujer, y serán los dos una sola carne'? De modo que ya no son dos, sino una sola cosa. Así pues, lo que Dios ha unido, que no lo separe el hombre".

Palabra del Señor.

Llevar la Palabra de Dios a casa

Cuando le preguntaron a Jesús sobre la validez moral del divorcio, Él respondió con una afirmación sobre el matrimonio, refiriéndose al Génesis y dándonos una hermosa imagen de un hombre y una mujer aferrándose el uno al otro. El término "una sola carne" les hubiera sugerido a los escuchas de Jesús una unión de tipo sexual, familiar, personal y espiritual. Estando tan cerca, dos personas en un Matrimonio no se pueden separar. La separación es impensable, imposible.

Pero, ¿cómo es que una pareja se puede convertir en un solo cuerpo, una sola carne? Precisamente tal como se logra ser un mejor atleta o músico: practicando; así también una pareja logra estar "más casada" al comprometerse en situaciones que los acercan entre sí. Hay quien dice en nuestra cultura moderna que algunas parejas simplemente corren con suerte, pero la mayoría de nosotros sabemos que el amor es una acto de voluntad, de decidir amar cada día y de comprometerse con hechos que construyan la unidad.

El Papa Juan Pablo II señala que una relación sexual implica "entrega total"; una pareja que busca convertirse en una sola carne, debe estar comprometida en llevar cotidianamente una vida sexual en la que busquen donarse verdaderamente uno al otro. Esto conlleva vulnerabilidad, sacrificio y placer. Decimos, en efecto, "no acudiré a ningún otro lugar, ni con nadie más; dedicaré toda mi energía a hacerte feliz". Con este tipo de compromiso, los esposos son libres para avanzar en grados de vulnerabilidad, para cumplir sus deseos y para experimentar placer.

Una buena vida sexual implica el sacrificio de uno mismo. La verdadera donación solo nace en la búsqueda del placer. Si los esposos no desean el placer de ambos, en el fondo no están amándose a sí mismos ni se están relacionando. Por otra parte, el esposo que no busca el placer de su pareja, falla al no lograr el sacrificio que el amor requiere. Atarse a una pareja que irá cambiando con el tiempo y comprometerse a permanecer unidos con la misma pasión, puede representar un sacrificio. En ocasiones aislarse dentro de uno mismo, podría ser una salida fácil; pero el donarse a otro no es sencillo, así como tampoco lo es el donarse plenamente en una relación sexual.

Dado que una pareja comparte muchos tipos de contacto físico, la relación sexual es exclusiva para vivirse entre esposos y juega un papel determinante para que puedan convertirse en "una sola carne". Si un Matrimonio está firmemente comprometido a permanecer unido, los esposos buscarán mantener su vida sexual unida. Reconocer y satisfacer los deseos sexuales del otro nutre el sentimiento de pertenencia física al otro e incrementa la capacidad de auto-donación.

¿Qué tiene que ver el placer con las relaciones sexuales que surgen de la auto-donación? Todo. Si perdemos de vista esta realidad, llevaremos el sexo a un nivel espiritual totalmente ajeno a nuestra realidad. Nuestros propios instintos naturales originan nuestras necesidades, nuestra dependencia y el hecho de que fuimos creados para relacionarnos con alguien. Nos acercan al otro, hasta que nos encontramos descansando entre sus brazos, totalmente entrelazados.

La pareja que continua teniendo encuentros sexuales incluso en los momentos más difíciles de su matrimonio, ponen su compromiso de convertirse en una sola carne en el centro de sus vidas. Se dicen mutuamente: "Te amo. Todavía quiero estar contigo. Siempre estaré contigo". Y eso resulta muy bueno para ambos.

F-5   El amor, el mandamiento más importante
Mateo 22:35-40

En aquel tiempo, un fariseo que era doctor de la ley, le preguntó a Jesús para ponerlo a prueba: "Maestro, ¿cuál es el mandamiento más grande de la ley?"

Jesús le respondió: "Amarás al Señor, tu Dios, con todo tu corazón, con toda tu alma y con toda tu mente. Éste es el más grande y el primero de los mandamientos. Y el segundo es semejante a éste: Amarás a tu prójimo como a ti mismo. En estos dos mandamientos se fundan toda la ley y los profetas".

Palabra del Señor.

F-6   Los dos se convierten en uno
Marcos 10:6-9

En aquel tiempo, Jesús les respondió a los fariseos: "Desde el principio, al crearlos, Dios los hizo hombre y mujer. Por eso dejará el hombre a su padre y a su madre y se unirá a su esposa y serán los dos una sola cosa. De modo que ya no son dos, sino una sola cosa. Por eso, lo que Dios unió, que no lo separe el hombre".

Palabra del Señor.

Llevar la Palabra de Dios a casa

Todos tenemos una idea sobre el tipo de persona que debe ser un amigo o alguien querido. También ustedes saben qué tipo de persona quieren que sea su futuro esposo o esposa. Pero cuando estamos verdaderamente enamorados, esta idea pasa a segundo plano y aceptamos al otro simplemente como es. Conocemos bien a la persona: sus defectos y sus virtudes, sus altas y bajas, sus aspectos positivos y también los negativos. Tal vez no me encante alguna parte de tu personalidad y me gustaría que cambiaras esto o que mejoraras un poco aquello. Sin embargo, lo más importante es que te acepto y te amo tal y como eres.

Todo eso suena muy poético, sin embargo en la vida de casados, tener tal grado de aceptación no es tan fácil. Aceptar al otro exige esfuerzos y ajustes. Tal vez noten sorprendidos que tras algunos meses de casados hay algunos hábitos de su pareja que les molestan. Al principio podrán aceptar estas diferencias como una parte de su temperamento que no puede cambiar. Pero después las implicaciones de ese hábito podrían ocasionar otros cambios.

Si a tu esposo le gusta despertarse tarde, con el tiempo ¿tendrías resentimientos por levantarte a cambiarle el pañal al bebé a las 6:30, hacer el desayuno tú sola e irte a trabajar sin un beso de despedida? Si te gusta dormirte temprano ¿a tu esposo le molestaría que nunca lo acompañes a ver una película en la tele o a platicar de algo importante una vez que se han dormido los niños o que no te quedes acostada un rato con él en las mañanas? Aceptar y adaptarse a hábitos diferentes, requiere algo de donación.

Este patrón de aceptar-adaptar comienza antes de su boda y durará tanto tiempo como dure su matrimonio. Sabrán qué áreas de su vida de casados son las que más trabajo les cuestan como individuos, como pareja y posteriormente si son bendecidos con hijos, como familia. Así es que estén preparados para estas situaciones y cuando atraviesen momentos difíciles, usen sus mejores habilidades interpersonales recordando que Dios es amor y que de alguna extraña manera, los unió en el mismo amor.

Pero Dios los creó libres para hacer que su amor crezca o se estanque, para mantenerlo vivo o dejar que se marchite y muera. El Señor les ayudará a forjar un futuro maravilloso, si ustedes cumplen con su parte. En su Matrimonio les aguarda más alegría de la que se imaginan y una felicidad mucho mayor que la que están experimentando. El único requisito es su voluntad de amar, de dar, de aceptar y de adaptarse. Llegarán los momentos en que estas condiciones parezcan imposibles de lograr, pero tengan presente a la comunidad de amigos y familiares que presenciarán su boda, así como el apoyo de la Iglesia quien los invita y apoya en esta sagrada unión llamada matrimonio.

F-7   Las bodas de Caná

Juan 2:1-11

En aquel tiempo, hubo una boda en Caná de Galilea, a la cual asistió la madre de Jesús. Éste y sus discípulos también fueron invitados. Como llegara a faltar el vino, María le dijo a Jesús: "Ya no tienen vino". Jesús le contestó: "Mujer, ¿qué podemos hacer tú y yo? Todavía no llega mi hora". Pero ella dijo a los que servían: "Hagan lo que él les diga".

Había allí seis tinajas de piedra, de unos cien litros cada una, que servían para las purificaciones de los judíos. Jesús dijo a los que servían: "Llenen de agua esas tinajas". Y las llenaron hasta el borde. Entonces les dijo: "Saquen ahora un poco y llévenselo al mayordomo". Así lo hicieron, y en cuanto el mayordomo probó el agua convertida en vino, sin saber su procedencia, porque solo los sirvientes la sabían, llamó al novio y le dijo: "Todo mundo sirve primero el vino mejor, y cuando los invitados ya han bebido bastante, se sirve el corriente. Tú, en cambio, has guardado el vino mejor hasta ahora".

Esto que hizo Jesús en Caná de Galilea fue la primera de sus señales milagrosas. Así mostró su gloria, y sus discípulos creyeron en él.

Palabra del Señor.

Llevar la Palabra de Dios a casa

El evangelio de Juan del que se toma esta lectura comienza con un prólogo dramático: "En el principio era el Verbo (la Palabra), y el Verbo estaba ante Dios, y el Verbo era Dios". Estas palabras nos recuerdan explícitamente las primeras líneas de la historia de la creación en el Génesis y los seis días que describen el testimonio que san Juan el Bautista da sobre Jesús. En el séptimo día, el día en que el Señor descansó tras la primera creación, Jesús realiza el primer milagro de cambiar el agua en vino en un banquete de bodas. La boda tiene una importancia simbólica, ya que es donde Jesús inicia su vida pública como la Palabra hecha carne. María, su madre, decide cómo esto ha de suceder. La historia nos dice que María aprecia a la nueva pareja de esposos: quiere que prolonguen la alegría de su boda sirviendo vino a sus amigos y familiares. Jesús, que al inicio se negaba a hacer el milagro pues no le parecía que fuera la ocasión apropiada para iniciar su ministerio, accede a los deseos de su madre. Tal vez lo hace simplemente porque confía en Ella; tal vez Ella le hace ver que cualquier oportunidad de mostrar la generosidad del amor de Dios es una ocasión apropiada.

Es bueno que imaginemos que Jesús está presente en nuestra propia boda, bendiciéndonos y compartiendo la alegría de nuestros invitados. Hay algo hermoso en la idea de Cristo queriendo ser parte de este gran momento de alegría: la única razón de este momento es la propia celebración. No es extraño que se hable del Reino de Dios haciéndolo semejante a un banquete de bodas (Mt 22), dado que es una imagen de fiesta y regocijo. De igual forma, el libro del Apocalipsis describe el final de los tiempos como un banquete donde "Ya no habrá muerte ni lágrimas". Es reconfortante imaginar que la boda es el comienzo de un tiempo de gran alegría. La vida seguramente nos presentará retos, pero la promesa del Evangelio es que Dios estará presente con nosotros, extendiendo nuestra alegría incluso cuando enfrentemos los probemas.

En su gran novela "Los Hermanos Karamazov", Fyodor Dostoevsky describe a Alyosha, un joven novicio, que escucha la historia de Las Bodas de Caná en una predicación en los funerales de su mentor, el padre Zossima. Alyosha se siente conmovido por lo esperanzadora que resulta esta historia y por la alegría que seguramente habrán sentido estos esposos por la generosidad que Jesús muestra en su primer milagro. Él reflexiona sobre esta generosidad: "Transforma el agua en vino para que la alegría de los invitados no termine tan pronto". La propia alegría de Dios por sus amados hijos motiva a Alyosha a dejar el monasterio y a permanecer en el mundo secular. Que la alegría y la esperanza de su boda, los acerque también al mundo, para compartir con todos el amor que han encontrado.

F-8   Permanezcan en mi amor

Juan 15:9-12

En aquel tiempo, Jesús dijo a sus discípulos: "Como el Padre me ama, así los amo yo. Permanezcan en mi amor. Si cumplen mis mandamientos, permanecen en mi amor; lo mismo que yo cumplo los mandamientos de mi Padre y permanezco en su amor. Les he dicho esto para que mi alegría esté en ustedes y su alegría sea plena. Éste es mi mandamiento: que se amen los unos a los otros como yo los he amado".

Palabra del Señor.

F-9   Ámense unos a otros, como yo los amo a ustedes

Juan 15:12-16.

En aquel tiempo, Jesús dijo a sus discípulos: "Éste es mi mandamiento: que se amen los unos a los otros como yo los he amado. Nadie tiene amor más grande a sus amigos, que el que da la vida por ellos. Ustedes son mis amigos, si hacen lo que yo les mando. Ya no los llamo siervos, porque el siervo no sabe lo que hace su amo; a ustedes los llamo amigos, porque les he dado a conocer todo lo que le he oído a mi Padre.

No son ustedes los que me han elegido, soy yo quien los ha elegido y los ha destinado para que vayan y den fruto y su fruto permanezca, de modo que el Padre les conceda cuanto le pidan en mi nombre".

Palabra del Señor.

Llevar la Palabra de Dios a casa

Los primeros días de un romance son un tanto divertidos. Todo parece muy bueno para ser verdad. ¿Cómo puedo tener tanta suerte? ¿Será la persona para mí?

Con el tiempo, sin embargo, comenzamos a descubrir defectos y peculiaridades en nuestro nuevo amor; luego los pequeños hábitos indeseables; finalmente esas cosas que nos sacan completamente de quicio. En ese punto, o termina la relación, o aprendemos a vivir con el otro a pesar de los retos que esto implica. En poco tiempo aprendemos a "permanecer".

Estas lecturas del evangelio de Juan fueron pronunciadas en la última cena que Jesús compartió con sus discípulos antes de morir. Estos discípulos habían estado con Jesús a lo largo de su ministerio. Habían comido con él, rezado con él, viajado con él y lo habían escuchado. Cuando sus palabras fueron demasiado exigentes para otros, ellos permanecieron junto a él. Estos no eran discípulos solamente, eran sus amigos. Y lo último que les pidió fue que permanecieran.

Permanecer en una relación no es tarea fácil y nuestra cultura hace poco para que las personas desarrollen la capacidad de mantener relaciones duraderas. Nuestros medios de comunicación y entretenimiento y las estructuras políticas nos llenan de controversias, debates y críticas. Legalmente se nos aconseja no admitir nuestros errores ni pedir perdón. Los patrones de comunicación, interacción y habla que se usan comúnmente en nuestra cultura demeritan al Matrimonio y a la vida familiar. Muchos de nosotros crecemos con el deseo de formar relaciones duraderas, pero descubrimos que carecemos de las virtudes nec-esarias para proteger y conservar nuestras relaciones. ¿Tenemos lo que se necesita para permanecer fieles en los tiempos difíciles?

Permanecer en el Matrimonio requiere la habilidad de compartir el espacio físico, incluso aunque desees que tu esposo o esposa recogiera su ropa sucia del piso o que metiera sus platos en la lavadora. Es más, permanecer requiere compartir el espacio emocional, incluso en los momentos en que estamos tentados a rendirnos. Implica el valor para escuchar incluso cuando te dicen cosas que no quieres oír, así como el esfuerzo de seguirte comunicando incluso cuando sientes que no eres escuchado. Exige seguir con la conversación aunque haya llegado al punto en que parece que no llegan a ninguna conclusión.

Hay ocasiones en el Matrimonio en que la pareja siente que está en un punto muerto, impotente para encontrar el camino y que ninguno se puede comprometer para seguir adelante. Pueden parecer como lugares grises, brumosos e incómodos, donde nadie quiere estar. Sin embargo, hay veces en que estamos llamados simplemente a permanecer en ellos, esperando a que alguien haga algo, o en la mayoría de los casos, a ver algo que se había pasado por alto.

Muchos nos dicen que cuando nos sentimos infelices, vacíos, desilusionados o simplemente aburridos en una relación, ha llegado el momento de terminar. Sin embargo, Jesús nos dice que es permaneciendo donde podemos, nosotros también, descubrir la misteriosa verdad que nos quiere compartir: nuestra propia alegría quizá "ya es completa"

F-10   Que todos sean uno como nosotros somos uno

Juan 17:20-26

En aquel tiempo, Jesús levantó los ojos al cielo y dijo: "Padre, no solo te pido por mis discípulos, sino también por los que van a creer en mí por la palabra de ellos, para que todos sean uno, como tú, Padre, en mí y yo en ti somos uno, a fin de que sean uno en nosotros y el mundo crea que tú me has enviado.

Yo les he dado la gloria que tú me diste, para que sean uno, como nosotros somos uno. Yo en ellos y tú en mí, para que su unidad sea perfecta y así el mundo conozca que tú me has enviado y que los amas, como me amas a mí.

Padre, quiero que donde yo esté, estén también conmigo los que me has dado, para que contemplen mi gloria, la que me diste, porque me has amado desde antes de la creación del mundo.

Padre justo, el mundo no te ha conocido; pero yo sí te conozco y éstos han conocido que tú me enviaste. Yo les he dado a conocer tu nombre y se lo seguiré dando a conocer, para que el amor con que me amas esté en ellos y yo también en ellos".

Palabra del Señor.

Llevar la Palabra de Dios a casa

Vivimos en un mundo que está plagado de conflictos. Los encabezados de los periódicos dan testimonio de cómo las diferencias que existen entre nosotros —hombre o mujer, blanco o negro, liberal o conservador, nativo o inmigrante— han provocado ira, violencia y guerras. En nuestras amistades y relaciones sociales, podemos encontrar espacios más homogéneos y seguros donde convivimos con gente como nosotros, que piensa de forma similar y que comparte nuestros puntos de vista.

Cada Matrimonio es un paso atrevido que los cónyuges dan con el que salen de esa zona segura. El Matrimonio une a un hombre y a una mujer, y les pide que vivan juntos por el resto de sus vidas, reduciendo las distancias que existen entre ambos. No rara vez une a dos personas de diferentes clases sociales, diferentes ideologías políticas y diferentes culturas. Incluso personas que parecieran ser tal para cual, no tardan en descubrir que tienen gustos y personalidades diferentes. Por lo visto, vivir juntos acentúa diferencias que antes no se percibían.

En contraste con los noticieros, el Matrimonio católico da testimonio de cómo las diferencias no nos deben dividir: nos pueden unir, enriquecer y fortalecer. Ya en el siglo V, san Agustín decía que casarse fuera de los lazos familiares ayudaba a distribuir la riqueza de la religión católica y por consiguiente, ayudaba a construir una sociedad más justa. Este argumento solo viene a respaldar una práctica de la Iglesia que era desalentar el Matrimonio entre familiares, a pesar de ser una práctica común en esos tiempos. El amor hace posible lo que tratados de paz y otros convenios no pueden. Invita y une a personas de diferentes contextos —con necesidades, deseos y patrones de vida diferentes— a formar familias prósperas.

En este pasaje del evangelio de Juan, Jesús ruega para que sus discípulos puedan conocer la unidad que comparte con su Padre. Dice que su unión dará testimonio de cómo lo que ha predicado es verdad. Su unidad será un signo de que el Reino de Dios es posible y que ya ha empezado. Los esposos serán portadores de esperanza para el mundo.

Piensen en las diferencias que existen entre ustedes y piensen cómo su amor les ha permitido sobrellevarlas, enriqueciendo sus vidas. ¿Han pensado que al lograr esto se convierten en un signo de esperanza para el mundo? Es una gran responsabilidad. Sin embargo, es precisamente lo que la Iglesia cree que es y hace el matrimonio. Cuando la comunidad está desmotivada por tanta violencia y división que hay en el mundo; cuando sufre los efectos de la pobreza, de no tener casa ni acceso a un buen cuidado médico; y cuando está preocupada por su propia armonía, es entonces cuando puede volver su mirada a ustedes y a todos los matrimonios que viven fielmente y recordar que lo que Jesús nos dijo es verdad: ser uno, la unidad, es posible.

Rito del Matrimonio

CELEBRACIÓN DEL MATRIMONIO

El rito del Matrimonio es el corazón de la liturgia matrimonial. Su intercambio de promesas ante un sacerdote o diácono ("quien preside"), dos testigos principales y la asamblea de amigos y familiares, los une para siempre. En este momento sacramental, la novia y el novio son los ministros principales. Se prometen mutuamente amor y fidelidad y juntos le piden a Dios que sostenga y nutra por siempre este vínculo sagrado. De esta forma, aceptan ser un signo sagrado de su amor en el mundo.

Diálogo o escrutinio

Cuando se celebran dos o más matrimonios a la vez, el interrogatorio antes del consentimiento, el mismo consentimiento, como también la aceptación del consentimiento, se harán siempre en singular para cada matrimonio; lo demás, sin excluir la misma bendición nupcial, se dirá una sola vez, en plural, para todos.

Puestos de pie todos, incluso los novios, y situados los testigos a uno y otro lado, el sacerdote se dirige a los novios, con estas palabras u otras semejantes:

G-1

Queridos N. y N., ustedes han venido aquí, a la casa de Dios, para que él selle con su gracia la voluntad que tienen de contraer Matrimonio ante el ministro de la Iglesia y la comunidad cristiana aquí reunida. Cristo bendice abundantemente su amor conyugal, y él, que los consagró un día con el santo Bautismo, los enriquece hoy y les da la fuerza con un sacramento especial para que se guarden mutua y perpetua fidelidad y puedan cumplir las demás obligaciones del Matrimonio.

Por tanto, ante esta asamblea, les pregunto sobre su intención.

Entonces el sacerdote los interroga acerca de la libertad, la fidelidad y la aceptación y educación de los hijos, y a cada pregunta ellos responden.

N. y N., ¿vienen libre y voluntariamente a contraer Matrimonio, sin ser presionados?
R. *Sí*.

¿Están decididos a amarse y respetarse mutuamente, siguiendo el modo de vida propio del Matrimonio durante toda la vida?
R. *Sí*.

La siguiente pregunta se puede omitir si las circunstancias lo aconsejan, por ejemplo, si los novios son de edad avanzada.

¿Están dispuestos a recibir de Dios responsable y amorosamente los hijos, y a educarlos según la ley de Cristo y de su Iglesia?
R. *Sí*.

Consentimiento

A continuación siguen sus promesas matrimoniales. La Iglesia llama a este momento "consentimiento" porque están consintiendo o aceptando el amor que seguirá creciendo entre los dos y las muchas bendiciones, retos, crecimiento e incluso el dolor que traerá el matrimonio. También están consintiendo en ser un signo sacramental del amor de Dios para todos los que los rodean, pues el Matrimonio muestra el pacto de amor que Dios tiene con su pueblo. Al intercambiar sus promesas matrimoniales, dando su consentimiento, aceptan este nuevo rol que tomarán ante la Iglesia y ante el mundo. Las dos formas de consentimiento difieren levemente. Lean ambas opciones y registren la que escojan en la sección de selecciones. Platiquen con quien presidirá su boda sobre cómo realizar su intercambio de promesas, especialmente si están nerviosos porque piensan que pueden olvidar sus líneas. Muchas veces el sacerdote o diácono dice una frase y luego les pide que la repitan.

El sacerdote invita a los novios a expresar su consentimiento, diciéndoles:

H-1

Así, pues, ya que desean contraer santo Matrimonio, unan sus manos, y manifiesten su consentimiento ante Dios y su Iglesia. Se dan las manos.

El novio dice:
> Yo, N., te recibo a ti, N., como esposa
> y me entrego a ti,
> y prometo serte fiel
> en la prosperidad y en la adversidad,
> en la salud y en la enfermedad,
> y así amarte y respetarte
> todos los días de mi vida.

La novia dice:
> Yo, N., te recibo a ti, N., como esposo
> y me entrego a ti,
> y prometo serte fiel
> en la prosperidad y en la adversidad,
> en la salud y en la enfermedad,
> y así amarte y respetarte
> todos los días de mi vida.

O bien:
> El novio: N., ¿quieres ser mi esposa?
> *La novia:* Sí, quiero.
> *La novia:* N., ¿quieres ser mi esposo?
> *El novio:* Sí, quiero.
> *El novio:* N., yo te recibo como esposa
> y prometo amarte fielmente
> durante toda mi vida.
> *La novia:* N., yo te recibo como esposo
> y prometo amarte fielmente
> durante toda mi vida.

H-2

Si parece más oportuno, por razones pastorales, el sacerdote puede solicitar el consentimiento de los contrayentes por medio de un interrogatorio.

En primer lugar interroga al novio:
N., ¿quieres recibir a N., como esposa,
y prometes serle fiel
en las alegrías y en las penas
en la salud y en la enfermedad,
y, así, amarla y respetarla
todos los días de tu vida?

El novio responde:
Sí, quiero.

A continuación el sacerdote interroga a la novia:
N., ¿quieres recibir a N., como esposo,
y prometes serle fiel
en las alegrías y en las penas,
en la salud y en la enfermedad,
y, así, amarlo y respetarlo
todos los días de tu vida?

La novia responde:
Sí, quiero.

Confirmación del consentimiento

Luego el sacerdote que recibe el consentimiento dice a los esposos:

El Señor confirme con su bondad
este consentimiento
que han manifestado ante la Iglesia
y les otorgue su copiosa bendición.
Lo que Dios ha unido,
que no lo separe el hombre.

O bien:
>   Dios de Abrahán,
>   el Dios de Isaac,
>   el Dios de Jacob,
>   el Dios que unió a nuestros primeros padres en el paraíso
>   confirme este consentimiento mutuo
>   que ustedes han manifestado ante la Iglesia
>   y, en Cristo, les dé su bendición.
>   Por lo tanto, lo que Dios ha unido,
>   no lo separe el hombre.

El sacerdote invita a los presentes a alabar a Dios, usando la siguiente u otra aclamación.

>   Bendigamos al Señor.

Todos responden:
>   **Demos gracias a Dios.**

Bendición y entrega de los anillos

Sus anillos serán un símbolo de las promesas que hacen. Los círculos muestran que su unión no tiene fin y el metal precioso expresa su fortaleza y valor infinito. Sus anillos son un recordatorio importante (para ustedes y para los demás) de la unión sagrada que comparten como esposos. Normalmente uno de sus testigos principales es quien sostiene los anillos mientras el sacerdote o diácono los bendice, usando alguna de las siguientes bendiciones:

Escojan una de las siguientes bendiciones y regístrenla en su hoja de selecciones.

El sacerdote dice:

I-1

>   El Señor bendiga + estos anillos
>   que van a entregarse el uno al otro,
>   en señal de amor y de fidelidad.
>   R. Amén.

I-2

Bendice, + Señor, estos anillos
que bendecimos en tu nombre,
para que quienes los lleven
cumplan siempre tu voluntad,
se guarden íntegra fidelidad el uno al otro,
y vivan en paz amándose siempre.
Por Cristo, nuestro Señor.
R. Amén.

I-3

Bendice + y santifica, Señor,
el amor de tus servidores [N. y N.],
y que estos anillos, signo de fidelidad,
les recuerden su promesa de amor mutuo.
Por Jesucristo, nuestro Señor.
R. Amén.

El esposo pone en el dedo anular de la esposa el anillo destinado a ella, diciendo, si lo desea:

N., recibe esta alianza,
en señal de mi amor y fidelidad a ti.
En el nombre del Padre,
y del Hijo, y del Espíritu Santo.

Asimismo la esposa pone en el dedo anular del esposo el anillo destinado a él, diciendo, si lo desea:

N., recibe esta alianza,
en señal de mi amor y fidelidad a ti.
En el nombre del Padre,
y del Hijo, y del Espíritu Santo.
Bendición y entrega de las arras.

Según la oportunidad, se puede realizar a continuación el rito de la bendición y entrega de las arras.

El sacerdote dice:

> Bendice, + Señor, estas arras
> que N. y N. se entregan,
> y derrama sobre ellos la abundancia de tus bienes.

El esposo toma las arras y las entrega a la esposa, diciéndole:

> N., recibe estas arras
> como prenda de la bendición de Dios
> y signo de los bienes que vamos a compartir.

La esposa toma las arras y las entrega al esposo, diciéndole:

> N., recibe estas arras
> como prenda de la bendición de Dios
> y signo de los bienes que vamos a compartir.

Cántico de alabanza

Toda la comunidad puede cantar un himno o un cántico de alabanza si no se ha hecho antes.

 Si usan el Rito para celebrar un Matrimonio entre parte católica y parte no bautizada, pasen, por favor, a la página 109 para la oración de los fieles y la conclusión de la ceremonia.

Oración de los fieles

Durante la ceremonia del Matrimonio la comunidad celebra un amor que debe tocar a muchos corazones. Por lo tanto es conveniente que, después de haber intercambiado sus promesas y dado su consentimiento para convertirse en marido y mujer, se haga una pausa para ofrecer oraciones por todas las personas necesitadas de amor y sanación. La oración de los fieles debe incluir oraciones por la Iglesia, por la paz del mundo, por ustedes como nueva pareja, por los enfermos y cuantos no pudieron estar presentes y por sus amigos y familiares difuntos.

Pueden elegir una de las siguientes muestras de oraciones de los fieles o, si lo desean, también pueden escribir las suyas propias. Estas muestras de oraciones están disponibles en formato electrónico en liguori/libros.org. En caso de que deseen escribir las suyas propias, en ese mismo sitio web encontrarán orientaciones y una hoja de trabajo que les ayudará a diseñarlas mejor.

J-1

Queridos hermanos y hermanas,
recordemos los dones especiales de gracia y amor
con que Dios corona el amor mutuo de esta pareja,
haciéndolo un signo del amor divino.
Confiémoslos al Señor.

Por N. y N.,
quienes acaban de unirse en santo Matrimonio,
para que gocen de salud de alma y cuerpo. Roguemos al Señor.

R. Te rogamos, óyenos.

U otra respuesta adecuada de parte de la asamblea.

Para que el Señor,
que bendijo con su presencia las bodas de Caná,
los mantenga fieles a la alianza del Matrimonio.
Roguemos al Señor. R.

Para que su amor sea fructuoso y perfecto,
apoyándose y ayudándose mutuamente en paz,
y así den testimonio de su nombre cristiano.
Roguemos al Señor. R.

Para que todo el pueblo de Dios
crezca en virtud día a día
y para que todos los necesitados
encuentren fuerza en la gracia divina.
Roguemos al Señor. R.

Por todos los cónyuges aquí presentes,
para que la gracia de su Matrimonio
se renueve por el Espíritu Santo.
Roguemos al Señor. R.

Señor,
envía el Espíritu de tu amor sobre esta pareja,
para que sean uno en mente y corazón.
Concede a los que has bendecido y unido,
que ninguna tristeza destruya su felicidad
y que nadie los separe.
Te lo pedimos por Jesucristo, nuestro Señor.

R. Amén.

J-2

Queridos hermanos y hermanas,
elevemos nuestras plegarias por esta nueva familia
para que su amor mutuo crezca al pasar de los años
y para que Dios los bendiga a ellos
y a todas las familias del mundo.

Por N. y N.,
que están aquí presentes,
y por el nuevo hogar que forman.
Roguemos al Señor. *R.*

R. Te rogamos óyenos.
U otra respuesta adecuada de la asamblea.

Por sus familiares y amigos
y por todos los que les han ayudado a llegar a este día.
Roguemos al Señor. *R.*

Por todos los jóvenes
que se preparan para el Matrimonio, y por todos aquellos
a quienes Dios ha llamado a otra vocación.
Roguemos al Señor. *R.*

Por todas las familias del mundo,
y por la paz entre todos los seres humanos.
Roguemos al Señor. *R.*

Por nuestros parientes y amigos difuntos,
y por todos los fieles que han muerto.
Roguemos al Señor. *R.*

Por la Iglesia, Pueblo santo de Dios,
y por la unidad de todos los cristianos.
Roguemos al Señor. *R.*

**Señor Jesús,
presente entre nosotros
mientras N. y N. sellan su unión conyugal,
acepta benignamente nuestra oración
y llénanos con la presencia de tu Espíritu Santo.
Tú que vive ser reinas por los siglos de los siglos.**

R. Amén

Liturgia eucarística

ORACIONES SOBRE LAS OFRENDAS
(Para matrimonios celebrados durante la Misa)

El amor que comparten como marido y mujer tiene su origen en el amor que Dios tiene por nosotros. Este amor se manifestó de forma perfecta con la pasión, muerte y resurrección de Jesús. Su sacrificio por amor nos liberó del pecado y nos abrió las puertas de la vida eterna. En la Eucaristía, ese sacrificio de amor se hace real y verdaderamente presente otra vez, y nos permite nutrir nuestras vidas de amor, perdón y compasión. El pan y el vino traídos como ofrendas representan las ofrendas que le hacemos a Dios con nuestras vidas y, a cambio, Dios se da a sí mismo en la Eucaristía como ofrenda.

Una vez que todo está preparado y que las ofrendas han llegado al altar, el sacerdote dirá alguna de estas oraciones sobre las ofrendas y pedirá a Dios que las acepte junto con el amor que ustedes le entregan como esposos.

Oración sobre las ofrendas

Elijan alguna de estas oraciones y regístrenla en su hoja de selecciones.

K-1

Recibe, Señor, el sacrificio que te ofrecemos
por esta unión sagrada;
y ya que eres su autor,
sé también su protector y su guía.
Por Jesucristo, nuestro Señor.

K-2

Recibe en tu bondad, Señor,
los dones que te presentamos con alegría,
y protege con tu amor paterno
a quienes uniste con el sacramento del Matrimonio.
Por Jesucristo, nuestro Señor.

K-3

Escucha, Señor, nuestras súplicas
y recibe con agrado
estas ofrendas que te presentamos
por estos hijos tuyos,
unidos en santa alianza,
para que la celebración de estos misterios
los confirme en su amor y en el tuyo.
Por Jesucristo, nuestro Señor.

Prefacio

L-1   La dignidad de la alianza nupcial

En verdad es justo y necesario,
es nuestro deber y salvación
darte gracias siempre y en todo lugar,
Señor, Padre santo,
Dios todopoderoso y eterno.

Que con el yugo suave del amor
y el vínculo indisoluble de la unidad,
hiciste más fuerte la alianza nupcial,
para que aumenten los hijos de tu adopción
por la honesta fecundidad de los esposos.

Tu providencia, Señor, y tu amor,
lo dispuso así de modo tan admirable,
que el nacer llena la tierra
y el renacer aumenta tu Iglesia,
por Cristo, Señor nuestro.

Por él, con los ángeles y los santos,
cantamos sin cesar el himno de tu gloria:

L-2   El gran misterio del Matrimonio

En verdad es justo y necesario,
es nuestro deber y salvación
darte gracias siempre y en todo lugar,
Señor, Padre santo,

Dios todopoderoso y eterno,
por Cristo, Señor nuestro.

Porque en él estableciste
la nueva alianza con tu pueblo,
para hacer partícipes de la naturaleza divina
y coherederos de su gloria
a los redimidos por la muerte y resurrección de Jesucristo.
Toda esta gracia de tu liberalidad
la has significado en la unión del hombre y la mujer,
para que el sacramento que celebramos
nos recuerde tu amor inefable.

Por eso, con los ángeles y los santos,
cantamos sin cesar el himno de tu gloria:

L-3   El Matrimonio, signo del amor divino

En verdad es justo y necesario,
es nuestro deber y salvación
darte gracias siempre y en todo lugar,
Señor, Padre santo,
Dios todopoderoso y eterno.

Porque al hombre, creado por tu bondad,
lo dignificaste tanto,
que has dejado la imagen de tu propio amor
en la unión del varón y de la mujer.
Y al que creaste por amor
y al amor llamas,
le concedes participar en tu amor eterno.
Y así, el misterio del santo Matrimonio,
signo de tu caridad,
consagra el amor humano,
por Jesucristo, nuestro Señor.

Por eso, con los ángeles y los santos,
cantamos sin cesar el himno de tu gloria:

Lazo o velación

Según las costumbres locales, se puede realizar a continuación el rito de la bendición e imposición del lazo o la velación. Los esposos permanecen en su lugar y se arrodillan. Si no se ha realizado antes la imposición del lazo y parece conveniente hacerlo, se hace en este momento, o bien se pone el velo sobre la cabeza de la esposa y los hombros del esposo, simbolizando el vínculo que los une.

El sacerdote dice:

Bendice, + Señor, este lazo (velo),
símbolo de la unión indisoluble que N. y N.
han establecido desde ahora
ante ti y con tu ayuda.

El lazo (o el velo) lo sostienen dos familiares o amigos y lo colocan sobre los hombros de los contrayentes.

Bendición nupcial

La Bendición Nupcial es la bendición formal, especial para la pareja recién casada. En ella, la Iglesia ora para que la pareja continúe amándose mutuamente, permanezca siempre fiel a su unión matrimonial, sea un símbolo de apostolado y del gran amor de Dios ante todas las personas con quienes interactúe y para que los nuevos esposos sean buenos padres para los hijos que Dios les mande.

Esta bendición les ofrece a todos los presentes unos momentos para pedir por el maravilloso compromiso que ustedes acaban de hacer ante el otro, ante Dios y ante todos quienes están ahí reunidos.

En el invitatorio pueden omitirse, si alguno de los esposos no va a comulgar, las palabras que van entre corchetes.

En la oración pueden omitirse las palabras entre paréntesis, según lo aconsejen las circunstancias, por ejemplo, si los esposos son ya de edad avanzada.

– Misal Romano: Ritual de las Misas, 79.

El Ritual del Matrimonio presenta tres opciones para la Bendición Nupcial. Después de elegir la que más les agrade, regístrenla en su hoja de selecciones.

Todos oran el padrenuestro. Se omiten la oración Líbranos de todos los males y la doxología. El sacerdote, de pie y vuelto hacia los esposos, invoca sobre ellos la bendición de Dios; esta invocación nunca se omite.

En la fórmula de invitación, si uno de los esposos o ambos no comulgan, se omiten las palabras entre paréntesis.

En el último párrafo de la oración, las palabras entre paréntesis pueden omitirse en aquellos casos en que las circunstancias parezcan aconsejarlo, por ejemplo, si los esposos son de edad avanzada.
Los esposos se acercan al altar, o, si es oportuno, permanecen en su lugar y se arrodillan.

El sacerdote, con las manos juntas, invita a los presentes a orar.

M-1

Hermanos y hermanas,
imploremos la bendición de Dios Padre
sobre estos esposos, N. y N.,
para que, unidos a Cristo por el vínculo santo del Matrimonio,
(y por el sacramento del Cuerpo y la Sangre del Señor)
formen un solo corazón y una sola alma.

Todos oran en silencio durante unos momentos.
Oración de bendición

El sacerdote, con las manos extendidas sobre los esposos, continúa:

Oh Dios, que con tu poder creaste todo de la nada,
y, desde el comienzo de la creación,
hiciste al hombre y a la mujer a tu imagen y semejanza,
y le diste a cada uno la ayuda inseparable del otro,
de modo que no fueran dos, sino una sola carne,
enseñándonos que nunca es lícito separar
lo que quisiste fuera una sola cosa.

Oh Dios, que con un designio maravilloso
consagraste la unión conyugal
para prefigurar en ella
la unión de Cristo y de la Iglesia.

Oh Dios, que unes a la mujer y al varón
y otorgas a esta unión,
establecida desde el principio,
la única bendición que no fue abolida
ni por la pena del pecado original,
ni por el castigo del diluvio.

Mira con bondad a estos hijos tuyos
que, unidos en Matrimonio
quieren que tu bendición los acompañe.
Infunde sobre ellos la gracia del Espíritu Santo
para que, llenos sus corazones de tu amor,
permanezcan fieles a su alianza conyugal.

Concede a tu hija, N., el don del amor y de la paz.
Que siga siempre el ejemplo de las santas mujeres,
cuya alabanza proclama la Escritura.

Confíe en ella el corazón de su esposo, N.,
y, teniéndola por compañera y coheredera
de una misma gracia y una misma vida,
la respete y ame siempre
como Cristo ama a su Iglesia.

Y ahora, Señor, te pedimos también
que estos hijos tuyos:
permanezcan en la fe y amen tus preceptos;
que, unidos en Matrimonio,
sean ejemplo por la integridad de su conducta;
y, fortalecidos con el poder del Evangelio,
manifiesten a todos el testimonio de Cristo;
(que sean fecundos en hijos, padres intachables,
vean ambos a los hijos de sus hijos)
y, después de una feliz ancianidad,
lleguen a la vida de los bienaventurados en el reino celestial.
Por Jesucristo, nuestro Señor.
R. Amén.

M-2

El sacerdote o el diácono, con las manos juntas, invita a los presentes a orar.

Pidamos a Dios que estos esposos
que han venido al altar
para unirse en Matrimonio,
(por la participación del Cuerpo y la Sangre de Cristo)
vivan siempre unidos por el amor.

Todos, durante unos momentos, oran en silencio.

El sacerdote o diácono, con las manos extendidas sobre la pareja, continúa:

Padre santo, que hiciste al hombre a imagen tuya
y lo creaste varón y mujer para que,
unidos en la carne y en el espíritu,
fueran colaboradores de tu creación.

Señor, tú que para revelarnos el designio de tu amor,
quisiste dejarnos en el amor de los esposos
una imagen de la alianza que hiciste con tu pueblo,
a fin de que, completado con el sacramento,
en la unión conyugal de tus fieles,
quedara patente el misterio nupcial de Cristo y de la Iglesia.

Extiende sobre estos hijos tuyos, N. y N., tu mano amorosa
e infunde en sus corazones la fuerza del Espíritu Santo.

Concédeles, Señor,
que, en la comunidad sacramental que hoy inician,
se comuniquen los dones de tu amor y,
siendo el uno para el otro signo de tu presencia,
sean un solo corazón y un solo espíritu.

Concédeles también que sepan
conservar y proteger su nuevo hogar
[y formen a sus hijos según el Evangelio,
para que, así, puedan éstos algún día
incorporarse para siempre a tu familia celestial].

Colma de bendiciones a tu hija N.,
para que pueda cumplir sus deberes
de esposa [y madre],
dé calor a su hogar con un amor puro
y con su afabilidad lo adorne.
Bendice también a tu hijo N.,
Para que cumpla dignamente su misión
de esposo fiel [y padre providente].

Concede, Padre santo, a estos hijos tuyos
que han unido sus vidas ante ti,
[y quieren ahora, por primera vez como esposos,
acercarse a tu mesa]
participar algún día, alegremente,
del banquete celestial.
Por Jesucristo, nuestro Señor.

R. Amén.

M-3

El sacerdote o diácono, de pie y vuelto hacia el esposo y la esposa, con las manos juntas, invita a todos a orar:

> Invoquemos sobre estos esposos la bendición de Dios
> para que preste su auxilio a los que hoy
> ha unido por el sacramento del Matrimonio.

Todos, durante unos momentos, oran en silencio.

El sacerdote o diácono, con las manos extendidas sobre la pareja, continúa:

> Padre santo, autor de todo el universo,
> que creaste a tu imagen al hombre y a la mujer
> y colmaste de bendiciones su unión conyugal;
> te pedimos humildemente por estos hijos tuyos
> que hoy se unen
> por el sacramento del Matrimonio.
>
> Descienda, Señor, sobre esta esposa, N.,
> y sobre N., su esposo del alma, compañero de su vida,
> la abundancia de tu bendición;
> que la fuerza de tu Espíritu Santo
> llene sus corazones de tu amor
> [para que al gozo de su vida matrimonial
> añadan el encanto de los hijos
> y enriquezcan con ellos a tu Iglesia].
>
> Que te alaben, Señor, en sus alegrías,
> y te busquen en sus tristezas;
> que en sus trabajos
> encuentren el gozo de tu ayuda
> y, en la necesidad,
> sientan cercano tu consuelo;
> que te invoquen en las celebraciones sagradas
> y den testimonio de ti ante el mundo;
> y, después de una ancianidad feliz,
> lleguen al reino de los cielos,
> acompañados de quienes hoy comparten su alegría.
> Por Jesucristo, nuestro Señor.

R. Amén.

Rito de la paz

El intercambio de un signo de paz durante la liturgia permite a la asamblea mostrar el amor y la unidad que existe entre ellos antes de recibir la Sagrada Comunión.

Oración después de la Comunión

Una vez terminada la distribución de la comunión y que los ministros han regresado a sus lugares, hay un breve momento de silencio para hacer oración de acción de gracias. Posteriormente el sacerdote invita a todos a ponerse de pie y a decir una de las siguientes oraciones.

Elijan la que más les agrade y regístrenla en su hoja de selección.

N-1

Por este sacrificio de salvación,
protege, Dios nuestro, con tu providencia,
a la nueva familia que has instituido
y unifica en un mismo corazón
a los que uniste en una santa alianza
[y has alimentado con un mismo pan y un mismo cáliz].
Por Jesucristo, nuestro Señor.

R. Amén.

N-2

Tú que nos has permitido
participar de tu mesa,
concede, Señor, a N. y N.,
que acaban de unir sus vidas
por el sacramento del Matrimonio,
permanecer siempre fieles a ti
y dar testimonio de tu amor ante el mundo.
Por Jesucristo, nuestro Señor.

R. Amén.

N-3

Concédenos, Dios todopoderoso,
que la gracia recibida del sacramento del Matrimonio
actúe de día en día en la vida de estos esposos.
Y por la Eucaristía que hemos ofrecido
vivamos todos en el amor.
Por Jesucristo, nuestro Señor.

R. Amén.

Rito de despedida

Bendición final

Al final de la Misa, el sacerdote bendice a los esposos y al pueblo diciendo:
Dios, Padre eterno, los conserve unidos

Rito de conclusión

Bendición final o solemne

La liturgia concluye con una bendición solemne impartida sobre ustedes por un sacerdote o diácono.

Cada opción que se les presenta para la bendición final se compone de pequeñas oraciones a las que la asamblea responde "Amén". Una vez concluida la bendición, el sacerdote o diácono hace la señal de la cruz sobre todos los presentes.

Cuando se use el ritual para celebrar el Matrimonio fuera de la Misa, la bendición final o solemne es precedida por el padrenuestro.

Por favor, elijan una de las siguientes bendiciones y regístrenla en su hoja de selección.

O-1

Dios, Padre eterno, los conserve unidos en el amor,
para que la paz de Cristo habite en ustedes
y permanezca en su hogar.
R. Amén.

Que encuentren en los hijos una bendición,
en los amigos un consuelo
y en el trato con todos, una paz verdadera.
R. Amén.

Que sean testigos del amor de Dios en el mundo,
para que los pobres y afligidos,
habiendo encontrado en ustedes ayuda y consuelo,
los reciban con gratitud algún día
en la casa eterna del Padre.
R. Amén.

Y a todos ustedes, que están presentes,
los bendiga Dios todopoderoso,
Padre, Hijo +, y Espíritu Santo.
R. Amén.

O-2

Dios Padre todopoderoso
les conceda participar de su alegría
y los bendiga en sus hijos.
R. Amén.

El Hijo unigénito de Dios esté junto a ustedes
en sus penas y en sus alegrías.
R. Amén.

El Espíritu Santo de Dios
habite en ustedes y los llene de su amor.
R. Amén.

Y a todos ustedes, que están presentes,
los bendiga Dios todopoderoso,
Padre, Hijo +, y Espíritu Santo.
R. Amén.

O-3

Nuestro Señor Jesucristo,
que quizo estar presente en las bodas de Caná,
los bendiga a ustedes, y a todos sus familiares y amigos.
R. Amén

Nuestro Señor Jesucristo,
que amó a su Iglesia
hasta el extremo de morir por ella,
les infunda constantemente su amor.
R. Amén.

Nuestro Señor Jesucristo
les conceda superar las dificultades de esta vida,
con el gozo de saber ciertamente
que algún día resucitarán con él.
R. Amén.

Y a todos ustedes, que están aquí presentes,
los bendiga Dios todopoderoso,
Padre, Hijo +, y Espíritu Santo.
R. Amén.

Después de la bendición final, quien preside los puede presentar ante la asamblea con su nombre de casados y les puede invitar a darse un beso. En este punto comienza la música y es cuando salen de la iglesia.

Procesión de salida

La procesión de salida es una procesión sencilla en la que los novios y tal vez algunos de sus padrinos, madrinas y familiares, salen de la iglesia. La novia y el novio son quienes salen primero, generalmente seguidos por los testigos y posteriormente por otros miembros del cortejo. La música que se elige para esta procesión suele ser alegre y con ritmo.

Conclusión del rito para Matrimonio entre parte católica y parte catecúmena o no cristiana

Oración de los fieles

Después de haber hecho sus promesas, recibido la bendición y haber hecho el intercambio de los anillos, pueden hacer la Oración de los fieles que se recomiendan a continuación, o si lo desean pueden escribir las suyas, usando la guía que pueden consultar en liguori.org/libros, donde encontrarán unas oraciones de muestra en un formato listo para su impresión.

Oremos, hermanos y hermanas, por las necesidades de la Santa Iglesia y de todo el mundo, y encomendemos especialmente a N. y N., que acaban de celebrar con gozo su Matrimonio.

- Por la Santa Iglesia: para que Dios le conceda ser siempre la esposa fiel de Jesucristo. Roguemos al Señor.

- Por los nuevos esposos, N. y N: para que el Espíritu Santo los llene con su gracia y haga de su unión un signo vivo del amor de Jesucristo a su Iglesia. Roguemos al Señor.

- Por todos los matrimonios: para que, en el amor mutuo y en la fidelidad constante, sean en nuestra sociedad fermento de paz y unidad. Roguemos al Señor.

- Por los miembros de nuestras familias que han muerto en la esperanza de la resurrección: para que Cristo los acoja en su reino y los revista de gloria y de inmortalidad. Roguemos al Señor.

Bendición nupcial

La Bendición Nupcial es la bendición formal, especial para la pareja recién casada. En ella, la Iglesia ora para que la pareja continúe amándose mutuamente, permanezca siempre fiel a su unión matrimonial, sea un símbolo de apostolado y del gran amor de Dios ante todas las personas con quienes interactúen y sean buenos padres para los hijos que Dios les mande. Esta bendición les ofrece a todos los presentes unos momentos para pedir por el maravilloso compromiso que ustedes acaban de hacer ante el otro, ante Dios y ante todos quienes están ahí reunidos.

Los esposos permanecen en su lugar y, si es oportuno, se arrodillan. El sacerdote o diácono continúa con las manos juntas:

Invoquemos sobre estos esposos la bendición de Dios para que preste su auxilio a los que hoy ha unido por el vínculo del matrimonio.

Todos oran en silencio durante unos momentos.

El sacerdote o diácono, con las manos extendidas sobre los esposos, continúa usando la oración siguiente.

Las palabras entre paréntesis pueden omitirse en aquellos casos en que las circunstancias parezcan aconsejarlo, por ejemplo, si los esposos son de edad avanzada.

Padre santo, autor de todo el universo,
que creaste a tu imagen al hombre y a la mujer
y colmaste de bendiciones su unión conyugal;
te pedimos humildemente por estos hijos tuyos
que hoy se unen
por la alianza matrimonial.
Descienda, Señor, sobre esta esposa, N.,
y sobre N., su esposo,
la abundancia de tu bendición;
que la fuerza de tu Espíritu Santo
llene sus corazones de tu amor,
para que, en el gozo de su entrega mutua,
sean ejemplo por la integridad de su comportamiento
[y sean padres de probada virtud].

Que te alaben, Señor, en sus alegrías,
te busquen en sus tristezas;
que en sus trabajos
encuentren el gozo de tu ayuda
y, en la necesidad,
sientan cercano tu consuelo;
y, después de una ancianidad feliz,
lleguen al reino de los cielos,
acompañados de quienes hoy comparten su alegría.
Por Jesucristo, nuestro Señor.

R. Amén

Padrenuestro y bendición final.

El sacerdote o diácono, con las manos extendidas, bendice al pueblo diciendo:

La bendición de Dios todopoderoso,
Padre, Hijo +, y Espíritu Santo,
descienda sobre ustedes.

R. **Amén**

Apéndices

Apéndice A:
Matrimonio entre un católico y un no católico

La Iglesia Católica cree que el Matrimonio entre un hombre y una mujer es una institución natural; es decir, forma parte de lo que significa pertenecer a la familia humana y refleja el plan que Dios tiene para esa familia. Cuando esas dos persona son católicos bautizados, estas institución natural se convierte en un sacramento. En otras palabras, ya que cada persona comparte la vida del Espíritu Santo y es discípulo de Cristo, su vida completa se transforma en un signo vibrante, un signo visible del amor invisible de Dios por el mundo. El Matrimonio lleva a la pareja gracias y bendiciones de Dios: el Matrimonio se convierte en un medio por el cual Dios derrama sus gracias sobre otros.

Es común, por supuesto, que un católico se case con alguien que practique una tradición cristiana diferente. Por ejemplo, muchos católicos se casan con metodistas, luteranos, episcopalianos, miembros de comunidades sin denominación, o con cristianos que por alguna u otra razón no se encuentran afiliados a ninguna comunidad particular. Otros católicos se casan con alguien que nunca ha sido bautizado. Puede tratarse de un judío, musulmán, hindú, budista o alguien que no está afiliado a ninguna fe. Hay que recordar que cuando un católico se une en un Matrimonio sacramental con un cristiano perteneciente a una iglesia diferente o valida su Matrimonio con un no-católico, la Iglesia apoya el testimonio de amor y fidelidad que la pareja ofrece al mundo.

Durante la preparación para su matrimonio, los temas referentes a fe y creencias deben ser abordados de forma abierta y honesta, ambos deben hablar de la fe que comparten y de las diferencias significativas en cuanto a sus creencias y en la forma en que viven su fe. Es muy importante hablar de estos temas abiertamente con el sacerdote o diácono que les está ayudando a preparar su matrimonio.

Nota pastoral sobre la intercomunión
Uno de los temas que más malentendidos provoca en la práctica y vida católica actual, es la prohibición de la intercomunión: que un no-católico reciba la Sagrada Comunión en la Iglesia Católica o que un católico la reciba en una iglesia cristiana. Algunos católicos que tienen prometidos, familiares o amigos pueden creer que esto es una injusticia y que las limitaciones católicas ante la intercomunion se oponen a las enseñanzas del Evangelio sobre el amor y

la aceptación. Entonces, ¿por qué se les pide a los no católicos que no reciban la Comunión en Misa?

Las razones que tiene la Iglesia para prohibir la intercomunión no se basan en una supuesta superioridad moral o religiosa sobre otros cristianos. Hay muchos miembros fieles de otras tradiciones cristianas que son moral o religiosamente mejores cristianos que muchos católicos nominales, pero eso no es lo que está en juego aquí. La disciplina católica de no practicar la intercomunión se basa en la teología de la Eucaristía: lo que, hace y lo que significa. Muchas denominaciones cristianas no comparten el significado católico de la Eucaristía. Algunos ven la comunión como un símbolo, un memorial de lo que Jesús ha hecho por nosotros, pero para los católicos, la Eucaristía es más que una cena memorial. Vuelva a hacer real el poder y la promesa de Cristo que se entregó, murió y resucitó por nosotros. Los católicos creemos que la Eucaristía es un sacramento y, por tanto, es un signo particular que efectúa o da vida a lo que significa. En esencia, creemos que la Sagrada Comunión no solo nos señala la presencia de Cristo, sino que, por un profundo misterio, es la presencia de Cristo y la recibimos para ayudarnos convertirnos en esa presencia divina en el mundo.

Pero estas diferencias en cuanto a lo que la Sagrada Comunión es, no constituyen el único obstáculo para la intercomunión. También hay que considerar lo que la Sagrada Comunión hace. Los católicos creemos que la Eucaristía nos une más profundamente con cuerpo de Cristo y al mismo tiempo la comunión representa esa unidad. En palabras simples, la Eucaristía es símbolo y fuente de la unidad en la Iglesia. Por tanto, la Eucaristía no implica únicamente que cada creyente de forma personal se una a Cristo, sino que implica fundamentalmente unir a toda una comunidad de creyentes. Cuando uno recibe la comunión, dice sí a la comunión de su mente y corazón con la Iglesia. Es una acto que no solo significa la unión espiritual con los miembros de la Iglesia, sino que es también una afirmación pública de las creencias y prácticas compartidas por una comunidad.

La recepción de la Sagrada Comunión por miembros de otra denominación cristiana no puede ser símbolo de unidad entre esos creyentes, cuando de hecho, aún existen diferencias significativas de prácticas y credos entre los católicos y esas otras iglesias cristianas. La comunión Eucarística sería entonces un símbolo contrario: significaría que no existe unidad entre esos cristianas. Considerando lo anterior, aunque no esté expresamente prohibido usar el Rito para celebrar el Matrimonio dentro de Misa, lo más recomendable para evitar malos entendidos es que las parejas formadas por un católico y un no católico se casen usando el Rito para celebrar el Matrimonio sin Misa.

Este apéndice se encuentra disponible también en liguori.org/libros.

Apéndice B:
Bendecir o convalidar por la Iglesia un Matrimonio ya existente

La Iglesia Católica cree que los matrimonios contraídos por no católicos en su iglesia particular o en cualquier otro lugar donde han ocurrido, son válidos. A los ojos de la Iglesia, incluso dos ateos o agnósticos que estén casados por lo civil ante un juez o magistrado, conforman un Matrimonio válido. Sin embargo, los católicos deben seguir un rito matrimonial para que su Matrimonio sea válido. La Ley Canónica, la ley de la Iglesia, requiere que los católicos contraigan Matrimonio por libre y mutuo consentimiento, dentro de una iglesia presididos por un obispo, sacerdote o diácono y al menos otros dos testigos. Los matrimonios en los que al menos uno de los contrayentes es católico y que no son presididos por un obispo, sacerdote o diácono, o bien que no reciben el permiso apropiado para ser efectuados en cualquier otro foro, se consideran inválidos ante los ojos de la Iglesia.

Puede ser que algún católico que contrajo Matrimonio fuera de la Iglesia no supiera de estos requisitos, pero en la mayoría de los casos, esto sucede porque uno o ambos contrayentes no eran libres para casarse en la Iglesia Católica debido a algún Matrimonio anterior o porque estaba esperando la anulación. También, puede ser que existan contrayentes católicos que no consideran casarse dentro de la Iglesia porque no participan ni están activos como miembros de la Iglesia de forma habitual.

La iglesia en verdad desea ayudar a estas parejas quienes con el tiempo desean tener un Matrimonio católico válido, y les ofrece apoyo pastoral y espiritual, según lo necesiten. Cuando estas parejas están preparadas y libres para hacerlo, celebran lo llamado convalidación, palabra del latín que significa "afianzar" o "fortalecer". Este acto también recibe el nombre de "bendición de un matrimonio".

Es importante comprender que una convalidación no es simplemente la renovación de algunas promesas hechas con anterioridad, sino es un nuevo acto de consentimiento por parte de cada esposo. Este nuevo acto de consentimiento es esencial para el Matrimonio y las palabras expresadas por la pareja son el signo exterior del regalo de autodonación que intercambian entre ellos. Esta convalidación del Matrimonio puede ser celebrada dentro de la Misa o sin Misa, dependiendo de la situación particular de cada pareja. Si ambos son católicos, es conveniente celebrar la convalidación dentro de una Misa. Si uno de los dos contrayentes no es católico, es preferible celebrar el Matrimonio sin Misa. Por costumbre, dado que la vida matrimonial de una pareja es conocida públicamente y que probablemente lo haya sido durante varios años, lo más apropiado sería una pequeña celebración con amigos y familiares muy cercanos. Si resultara conveniente, el sacerdote o diácono que presidirá su intercambio de promesas puede ayudarles a usar Juntos para toda la vida para prepara su celebración.

Este apéndice se encuentra disponible también en liguori.org/libros

Apéndice C:
El respeto a las tradiciones étnicas y culturales

Una niña que se encontraba comiendo con su mamá y su abuela preguntó: "Mamá, ¿por qué siempre cortas una pulgada del extremo de la pierna del jamón de Acción de gracias?" La madre contestó: "Lo aprendí de tu abuela. Hace que la pierna de jamón quede más jugosa, ¿verdad mamá? La abuela respondió riendo; "¡Yo solía hacer eso porque no tenía ningún refractario lo suficientemente grande!"

Hay quien dice que las tradiciones son un pretexto para actuar sin pensar. Cuando hablamos de rituales: religiosos o seculares, frecuentemente hacemos lo que hemos visto y aprendido de otros. Pero no saber de donde provienen nuestras tradiciones nos puede conducir a eventos que podrían ser extraños y no encajar en nuestras situaciones particulares.

Lo mismo ocurre cuando preparamos una boda. Les sorprenderá saber que mucho de lo que ven y oyen en la televisión o en el cine o incluso en la última boda católica a la que asististe, no forma parte del Rito Católico del Matrimonio. Algunas de estas costumbres incluyen: que el padre de la novia camine con ella y la entregue al novio en el altar, que los novios improvisen o personalicen sus votos, encender una vela de la unidad, llenar un jarrón con arena, lazar a la pareja con un velo, cordón o lazo, bendecir y dar monedas (arras), o llevar flores a una imagen de la Virgen María.

Si esto no forma parte del Rito Católico, ¿de dónde proviene? ¿Por qué forman parte de algunas bodas católicas? ¿Cómo saber cuál sería apropiada para su boda?

Algo viejo

Algunas de estas tradiciones provienen de un tiempo y cultura en que el Matrimonio era considerado como un contrato entre familias, donde el traspaso de riquezas y propiedades jugaban un papel importante. "Entregar a la novia" ritualizaba este contrato. Desde esa óptica, pueden ver cómo pudo haber iniciado la tradición del padre que escolta a su hija hasta el novio. Los católicos, sin embargo, creemos que la novia y el novio se entregan ellos mismos, el uno al otro, como iguales, y como uno, se entregan a Dios. Por ello el rito señala que la novia y el novio caminen juntos o bien que sean escoltados por sus dos padres. Esta práctica raramente se acostumbra, pero está ahí y la pueden elegir si lo desean.

¿Esto quiere decir que seguir la tradición no es apropiado? No necesariamente. Nuestros padres desempeñan un rol fundamental en nuestras vidas, y compartir este momento con ellos es en realidad un regalo. Pero hay formas en la tradición y el rito que se pueden combinar. Por ejemplo, el novio puede entrar primero con su mamá y/o papá, seguido después por la novia con su mamá y/o papá. Una buena idea es hablar sobre estas tres opciones con sus familias y ministros parroquiales para que reflexionen sobre el rol que su familia ha desempeñado en su relación e incluso puede ayudarles a enmendar divisiones ya existentes.

Algo nuevo

Algunas tradiciones son de hecho modas de la cultura popular. Estas costumbres pueden incluir la vela de la unidad, la ceremonia de la arena o improvisar sus votos. Estas prácticas se han originado recientemente y son usadas tanto en ceremonias civiles como en ceremonias religiosas. Una de estas, la vela de la unidad, es la más popular pero ni es requerida, ni es permitida técnicamente dentro del rito del Matrimonio (ver preguntas frecuentes en la página 8).

Sin embargo, el encender las velas, tienen un gran significado dentro de la fe católica. Nuestra vela más importante es el Cirio Pascual, que es la primera que se enciende en la Vigilia Pascual y permanece encendida durante todo el tiempo de Pascua. Todas las velas que se encienden en los bautizos de niños y adultos, son encendidas de esta vela. También se usa durante los funerales para señalar el paso a la vida eterna de nuestros seres queridos. Honramos el Cirio Pascual porque representa a Cristo, la Luz.

Una de las razones por las que el rito de la Iglesia no incluye la vela de la unidad, es porque lo que representa, esto es, dos que se convierten en uno, ya es expresado profundamente en el intercambio de promesas y anillos en la bendición nupcial. Algunas iglesias permiten encender una vela de la unidad después del rito de conclusión, justo antes de la salida.

Si ambos son bautizados (incluso dentro de otra tradición cristiana) y se les permite incorporar una vela de la unidad en la parte final de su boda, pueden encender otras velas más pequeñas con el fuego del Cirio Pascual, y encender posteriormente su vela de la unidad con el fuego de esas velas: su identidad no desaparecerá cuando se casen, será compartida y transformada en algo nuevo, una tercera realidad representada por la vela de la unidad. Otra costumbre en otros lugares es encender una vela de la unidad para iniciar formalmente la recepción de la boda. Para ver un ejemplo de ello, consulten liguori.org/libros.

Algo prestado

Otras tradiciones tienen sus raíces en nuestras culturas étnicas. Estas costumbres tienen un profundo significado para muchas familias y en caso de que no representen un conflicto con lo que significa un Matrimonio católico, la Iglesia invita a las parejas a incluirlas en su ceremonia. Por ejemplo, en muchas familias hispanas, se acostumbra bendecir e intercambiar arras; las familias filipinas acostumbran poner un velo y un lazo sobre la pareja; las parejas vietnamitas acostumbran honrar a sus antepasados y las familias celtas usan los colores distintivos de su clan. Pueden encontrar información adicional sobre tradiciones étnicas y cómo adaptarlas al rito del Matrimonio y a las normas litúrgicas de la Iglesia Católica en: liguori.org/libros.

Algo azul

Por último, algunas de nuestras tradiciones tienen su origen en la devoción a la Virgen María. Ella es el modelo de cómo vivir nuestra fe en las los altibajos de nuestras vidas. Es natural, entonces, que los católicos, al iniciar su nueva vida juntos, quieran encomendarse a ella. Algunas parejas le llevan flores a una imagen de la Virgen y pasan algunos momentos haciendo oración ante ella durante su boda. Pero en la mayoría de los casos, lo que las parejas quieren en realidad, es que se cante una canción especial en esos momentos y piensan que una estatua de María y un ramo de flores son necesarios para poder incluir esa canción. No es así. Si ambos en realidad tienen una genuina devoción a María, pregunten si pueden incluir esta tradición, pero si no es permitido, recuerden que no es necesario hacerlo.

Las tradiciones rituales toman un lugar en nuestras vidas principalmente porque nos unen con el pasado, nos ayudan a entender mejor quiénes somos actualmente y expresan el futuro que deseamos tener. Los buenos rituales son poderosos porque comunican esta conexión con claridad. A medida que preparen su boda, consideren primero las tradiciones que les han sido heredadas de las culturas de las que provienen. Sobre todo comiencen con el rito de nuestros ancestros en la fe. Exploren de dónde vienen esas tradiciones y lo que significan. Adáptenlas para su boda con la ayuda del encargado parroquial, de modo tal que expresen lo que los dos desean vivir en su vida de casados.

Para mayor información sobre tradiciones étnicas y culturales, consulten: liguori.org/ libros.

Apéndice D:
Cinco consejos para conservar su amor fuerte

La Iglesia Católica está comprometida a apoyar su relación, ahora, mientras planean su boda, y después, mientras la sigan nutriendo. El Matrimonio requiere de mucho trabajo; no hay forma de evitarlo. Pero como la mayoría de las cosas valiosas, bien vale la pena el esfuerzo. No estarían aquí, usando este folleto para planear su boda, si no lo supieran. Aquí hay cinco consejos que los ayudarán a mantener su amor fuerte y a cultivar un Matrimonio maravilloso. Ténganlos presentes y revísenlos de vez en cuando, particularmente cuando enfrenten problemas o se sientan algo aburridos de su relación. También recuerden consultar liguori.org/libros donde encontrarán apoyo permanente para su Matrimonio así como portales con recursos católicos ricos y diversos que les ayudarán a permanecer juntos para toda la vida.

1. Hagan cosas juntos.

A ustedes les gusta estar juntos, así es que esto debe ser sencillo, ¿verdad? Por otra parte, probablemente ya ha ocurrido y puede seguir ocurriendo que no valoren la compañía del otro. Seguramente no disfrutarán de la compañía del otro en los momentos en que otros compromisos, intereses y relaciones compitan por su tiempo, incluso podría suceder que se alejen emocionalmente. Piensen que esos serán momentos pasajeros y enfréntenlos con paciencia.

Acompañarse mutuamente implica hacer planes y estar atentos a las emociones propias y a las del otro. Las cosas no sucederán de repente, así es que planeen hacer cosas juntos de forma cotidiana. Cuando se dan tiempo para divertirse, salir, hacer los quehaceres domésticos y llevar a cabo proyectos, ya sea dentro o fuera de sus casas, juntos, es más fácil recordar lo importantes que son el uno para el otro. Eso también muestra a los demás cuáles son sus prioridades.

Procuren tener presente que Dios se encuentra en las actividades e interacciones ordinarias de su vida matrimonial y que la santidad emana del empeño que ponen tanto en los detalles bellos como en los tediosos. Lo que hagan nunca será tan importante como la forma en lo que lo hagan, es decir con las actitudes e intenciones con las que actúen.

2. No se olviden de reír.

Todos hemos escuchado que la risa es la mejor de las medicinas y hay una gran cantidad de matrimonios felices y sólidos que lo pueden atestiguar. Y la ciencia está de acuerdo. Un artículo escrito en 2005 en *La psicología hoy* reporta que la risa reduce el dolor y nos ayuda a tolerar las incomodidades. Reduce los niveles de azúcar en la sangre y hace que nuestros corazones y cerebros funcionen mejor. La risa, señala el artículo, "en verdad es el pegamento que mantiene unidos a los matrimonios exitosos. Sincroniza los cerebros de quien habla y quien escucha de modo tal que están en sintonía emocional. La risa establece, o re-establece un clima emocional positivo y crea un sentido de conexión entre dos personas. De hecho, algunos investigadores creen que la función principal de la risa es unir a las personas":

Así es que si uno o ambos ríen con facilidad o saben ver el lado simpático de la vida, encuentren formas y momentos para reír. Vean películas divertidas juntos y encuentren alguna serie o comedia que puedan ver juntos por las noches. Reúnanse con amigos y compañeros de trabajo con quienes puedan reír fácilmente. Reduzcan sus niveles de estrés, hagan más ejercicio, escuchen buena música o salgan a bailar. Tal vez, lo más importante sea que aprendan a reírse de sus errores, fracasos y desvaríos, y ayuden a su cónyuge a hacer lo mismo. Aprendan a reírse de sus desacuerdos, no con humor ridículo, sino con auténtico sentido del humor.

La risa sana, alegra el espíritu, ordena nuestro mundo emocional y ayuda a nuestros cuerpos a estar más sanos. Si no acostumbran reír mucho, comiencen ahora. Si ya lo hacen, ¡sigan así!

3. Recen por y con el otro

A algunas parejas les resulta sencillo rezar juntas, a otras no. Mucho depende del temperamento espiritual y de las preferencias religiosas que cada uno de ustedes aporta a su matrimonio. Si rezar de forma espontánea les resulta difícil como pareja, traten de ir a la iglesia juntos de forma regular, o recen a la hora de la comida; incluso un momento de oración en silencio puede ser muy bueno. Hay muchos libros de oración muy económicos así como herramientas digitales que les pueden ayudar a hacer oración. Frecuentemente las parejas descubren que una vez que tienen hijos, hacer oración les resulta más fácil.

Incluso si rezar juntos les es difícil o poco atractivo, encuentren formas para apoyar la vida espiritual del otro. Recuerden que tienen tres espiritualidades que conforman su matrimonio: la suya, la de su esposo y la de ambos. Esta última quizá sea la más difícil de definir y la que lleve más tiempo para su formación. Mientras tanto, formen el hábito de que lo primero que hagan cada día temprano por la mañana así como lo último que hagan antes de dormir, sea pedir por las necesidades de su cónyuge. Y recuerden agradecer a Dios cada día por las cosas buenas que él o ella traen a tu vida. Sí, sé agradecido, incluso en los días malos.

4. Perdonen por lo menos una vez al día

Todos conocemos el poder del perdón: ya sea otorgado o recibido. Pero lo que frecuentemente se nos olvida es que lo que una familia y un Matrimonio sólido requieren, es la disciplina diaria de perdonar. El perdón no tiene que llegar en grandes escenas dramáticas y muchas veces se lleva a cabo de mejor forma en el silencio de nuestros propios corazones y conciencias. Pero, sea de cualquier forma, sí necesita ocurrir todos y cada día, por lo menos una vez a diario.

Hagan el hábito de darse un tiempo cada noche para reflexionar sobre su día, reconociendo cualquier herida, sin importar lo pequeña que fuere, que hayas podido causar en tu cónyuge. Considera si el hecho amerita hacer algo (como hablar con tu cónyuge) o si simplemente puedes perdonar y seguir adelante. Probablemente te sorprenderás de cuántas pequeñas heridas pueden acumularse durante el día. Si no las olvidas, permites que el resentimiento entre en tu vida. En el evangelio de Mateo Jesús nos dice que no debemos perdonar siete, sino setenta veces siete. (18:21-22). En otras palabras, tenemos que perdonar ¡muchísimo!

Desde luego que enfrentarán otros problemas más serios entre los dos que precisarán un nivel mayor de atención: conversación, compromiso y reconstrucción de la confianza. Perdonar las pequeñas ofensas de cada día, todos los días, (o casi todos los días) ayudará a enfrentar y sanar las ofensas más grandes.

5. Celebren y construyan buenos recuerdos.

Nunca subestimen el poder que la gratitud o que los buenos recuerdos tienen para enriquecer sus vidas. Aprendan a mostrar gratitud por las cosas buenas de la vida con una celebración espontánea. No es necesario esperar un cumpleaños, día festivo o aniversario. Hay que apreciar y celebrar los momentos sencillos como cuando por fin sale el sol al terminar una racha de lluvias o si después de pasar un día pesado en el trabajo nos toca el camino de regreso a casa sin tráfico. Tal vez celebrar los pequeños detalles diarios sea tan simple como salir al jardín en vez de ocuparse de lavar la ropa después de cenar, o abrir una botella de vino tinto y beberla juntos, o bailar su canción favorita. Vivan con actitud de gratitud y exprésenla frecuentemente con celebraciones.

No olviden darse tiempo para hacer cosas juntos porque ello les ayuda a unirse como pareja y a crear bonitos recuerdos. Piensen en los próximos años: ¿recordarán que por las noches se quedaban lavando los platos y arreglando la cocina, o que se daban la oportunidad de salir a caminar, ver una buena película o planear una cena juntos?

Formulario para las lecturas, oraciones y bendiciones que se usarán durante la Misa.

NOVIO _____

TELÉFONO _____

EMAIL _____

NOVIA _____

TELÉFONO _____

EMAIL _____

SACERDOTE O DIÁCONO _____

IGLESIA _____

DÍA DE LA BODA _____HORA_____

PADRINO DE BODAS_____

DAMA DE HONOR _____

DIA DEL ENSAYO _____HORA_____

NÚMERO DE UJIERES _____ NÚMERO DE DAMAS_____

PAJES: SÍ _____ NO_____

¿CUÁNTOS? _____

ORGANISTA: SÍ_____ NO_____

OTROS MÚSICOS: SÍ _____ NO_____

MONAGUILLOS: PROVISTOS POR NOSOTROS

_____

PROVISTOS POR LA IGLESIA

_____

Opciones seleccionadas para la celebración del Matrimonio dentro de la Misa.

Nota para la pareja: Después de haber escogido las lecturas, oraciones, bendiciones y alternativas que aquí se presentan, márquenlas en los espacios provistos y denle el formulario al sacerdote o al diácono para que pueda organizar la ceremonia. Pueden escoger otras selecciones aparte de las que se presentan a continuación. Si es así, escríbanlas al final de este formulario.

ENTRADA: (marque en la línea)

☐ Procesión con sacerdotes

☐ Ujieres, damas, dama de honor, novia y padre

☐ La madre y el padre acompañan a la novia

☐ La novia y el novio son acompañados por los padres, con los ujieres y las damas caminando por delante.

☐ Opción

ORACIÓN COLECTA:
página 11 (A1-6)

Número _____ página _____

LECTURA DEL ANTIGUO TESTAMENTO:
páginas 15-34 (B1-9)

Número _____ página _____

SALMO RESPONSORIAL:
páginas 35-40 (C1-7)

Número _____ página _____

Leído/cantado por _____

LECTURA DEL NUEVO TESTAMENTO:
páginas 41-66 (D1-14)

Número _____ página _____

Leído por _____

ALELUYA Y VERSÍCULOS DEL ANTES DEL EVANGELIO:
página 67-68 (E1-4)

Número _____ Cantado _____

Omitido _____

Cantado por _____

EL EVANGELIO:
páginas 69-85 (F1-10)

Número _____ página _____

Leído por _____

CONSENTIMIENTO Y CONFIRMACIÓN DEL CONSENTIMIENTO:
páginas 88-89 (H1-2)

Número _____ página _____

Consentimiento mediante preguntas_____

Memorizado_____

Recitado a manera del sacerdote _____

Leído _____

BENDICIÓN DE LOS ANILLOS (Y DE LAS ARRAS): páginas 90-91 (I1-3)

Número _____ página _____

Ceremonia con dos anillos _____

Ceremonia con un anillo _____

Arras: Sí _____ No _____

ORACIÓN DE LOS FIELES:
páginas 92-94 (J1-2)

Número _____ página _____

Leída, cantada por _____

Compuesta personalmente
por _____

Preparada por el sacerdote/diácono

_____

PRESENTACIÓN DE LAS OFRENDAS:

Presentadas por:

☐ El novio y la novia

☐ Los padres

☐ El padrino de bodas y la dama de honor

☐ Otros

Ofrenda simbólica para los pobres: ☐ Sí ☐ No

ORACIONES SOBRE LAS OFRENDAS:
página 95 (K1-3)

Número _____ página _____

PREFACIO: páginas 96-97 (L1-3)

Número _____ página _____

BENDICIÓN NUPCIAL:
páginas 99-103 (M1-3)

Número _____ página _____

SALUDO DE LA PAZ:

☐ Solamente la novia y el novio

☐ Los novios a los participantes

☐ Los novios a los participantes y a los
padres

☐ Los novios a los participantes, a los padres
y al resto de la asamblea que está al borde
del pasillo principal

COMUNIÓN:

☐ Novio   ☐ Novia

☐ Padrino de bodas

☐ Dama de honor

Con vino y hostia:
☐ Sí   ☐ No

ORACIÓN DESPUÉS DE LA COMUNIÓN:
página 104 (N1-3)

Número _____ página _____

BENDICIÓN FINAL:
páginas 106-108 (O1-4)

Número _____ página _____

Otros detalles o cambios en nuestra ceremonia:

_____

_____

_____

_____

_____

_____

Nota: El director de música de la parroquia puede ayudar a organizar una ceremonia en la que
la asamblea cante.